早わかり混合研究法

A Concise Introduction to Mixed Methods Research

John W. Creswell
ジョン W. クレスウェル 著

Hisako Kakai
抱井尚子 訳

ナカニシヤ出版

A Concise Introduction to Mixed Methods Research

John W. Creswell

English language edition published by SAGE Publications of London,
Thousand Oaks, New Delhi and Singapore
Copyright © 2015 by Sage Publications, Inc.
Japanese translation rights arranged with
SAGE Publications Ltd.
through Japan UNI Agency, Inc., Tokyo

日本語版 "A Concise Introduction to Mixed Methods Research"
(『早わかり混合研究法』)の出版にあたって

　混合研究法に関する私の思索をコンパクトにまとめた本書は，2013 年に米国のハーバード大学で行った私の講義に基づくものである。私は，同大学の公衆衛生大学院と医学大学院において，混合研究法の授業を完結した形で提供するよう依頼を受けた。このクラスは教員と大学院生に対し混合研究法を紹介するものであった。最終的に 25 名 (教員と院生の両方を含む) がこのクラスを受講し，少なくとも 10 の主要なテーマに取り組んだ。受講者のうち 4 名ほどは，医学大学院において次の段階のクラスを担当するという目的 (そのクラスはそれ以降提供されている) や，公衆衛生大学院において，健康科学研究の成果を実践に活かす，橋渡し研究[1]のコンサルティング・サービスを提供するといった具体的な目的をもって私の授業を受講していた。

　授業を終える時に，そこで扱ったそれぞれのテーマに関するビデオ (およびパワーポイントのスライド) を，ハーバードの橋渡し研究ユニットの図書館に所蔵するために作成して欲しいと依頼された。このビデオを作成する中で私は，これらの内容を，安価で，英語話者が 2 〜 3 時間で読めるような短く簡潔な混合研究法の書籍にまとめることを考え始めた。私が Vicki Plano Clark と共に執筆した *Designing and Conducting Mixed Methods Research*[2] (第 2 版が 2011 年に出版され，第 3 版が 2017 年秋に出版予定) という厚い書籍は，保健医療に従事する多忙な健康科学者にとって，混合研究法のエッセンスを理解し，そのアプローチが有用であるか否かを判断するには長すぎで，かつ詳細過ぎた。そのため私は，『早わかり混合研究法 (*A Concise Introduction to Mixed Methods Research*)』の執筆に取り掛かり，最終的に 2014 年に SAGE 出版からこれを世に送り出すに至った。SAGE 出版は，長年にわたり私の執筆活動の最大の協力

1　英語では translation science と呼ばれている。
2　初版の邦訳は，2010 年 12 月に『人間科学のための混合研究法―質的・量的アプローチをつなぐ研究デザイン』(大谷順子訳，北大路書房) として出版されている。

者であり，混合研究法をコンパクトにまとめたこの書籍の必要性にも理解を示してくれた。

　本書が様々な言語に翻訳されていることを私は嬉しく思う。コンパクトな書籍を出版することのもう1つの理由は翻訳をしやすいことであり，それによって世界の至る所に混合研究法の利用と知識が広がりやすくなる。そして今，混合研究法を牽引する日本の研究者である青山学院大学国際政治経済学部の抱井尚子教授によってわかりやすく翻訳された日本語版が，読者の手に届けられた。本書の翻訳の過程で抱井教授は，使われている英単語の正確な意味について幾度となく確認をしてくれた。私は，詳細な部分に細心の注意を払う彼女の姿勢を高く評価している。彼女は，世界の，そして日本の混合研究法の優れたリーダーであり，読者は本書を通して私の考えを正確に知ることができるだろう。世界という舞台において，私の最新の考えを読者に提供できることを大変光栄に思う。

2017年6月

John W. Creswell, Ph.D.
Co-Director, Michigan Mixed Methods Research and Scholarship Program
Department of Family Medicine, University of Michigan
Ann Arbor, Michigan

目　次

日本語版の出版にあたって　i
序　　文　ix
謝　　辞　xiii
著者について　xiv
訳者まえがき　xv
訳者謝辞　xviii

❖ 第1章　混合研究法の基本的特徴 ──────── 1
　　本章で取り上げるトピック　1
　　混合研究法を理解する　1
　　混合研究法とは何か　2
　　混合研究法ではないもの　2
　　混合研究法の主要な特徴　3
　　　　量的・質的データを収集する　4／厳密な方法を使用する　4／
　　　　データを統合する　6／枠組みを使用する　8
　　本章のまとめ　9
　　さらに詳しく学びたい人のために　10

❖ 第2章　混合型研究をデザインする手順 ──────── 11
　　本章で取り上げるトピック　11
　　研究計画を立てる必要性　11
　　混合型研究のプロセスにおける諸段階　12
　　プロジェクトの作業仮題　13
　　混合型研究の必要性を示す問題　14
　　研究の目的または答えるべき問い　15
　　用いられるデータ収集とデータ分析のタイプ　15

　　　　　混合研究法を用いる理由　16
　　　　　世界観または理論を特定する　18
　　　　　混合研究法を定義する　20
　　　　　ダイアグラム，手順，デザインの選択　21
　　　　　潜在的な方法論的課題と妥当性への脅威　22
　　　　　混合型研究の狙いや目的　23
　　　　　量的，質的，および混合型研究の問い　23
　　　　　手順を整理し直す　23
　　　　　本章のまとめ　24
　　　　　さらに詳しく学びたい人のために　25

❖ 第3章　混合研究法の実践に必要なスキル ──── 27
　　　　　本章で取り上げるトピック　27
　　　　　混合型研究を実施する上での要件　27
　　　　　混合研究法チーム　28
　　　　　研究における個人のスキル　30
　　　　　量的研究のスキル　31
　　　　　質的研究のスキル　33
　　　　　本章のまとめ　37
　　　　　さらに詳しく学びたい人のために　38

❖ 第4章　混合研究法の基本型と応用型デザイン ──── 39
　　　　　本章で取り上げるトピック　39
　　　　　準備段階で考慮すべき事柄　39
　　　　　基本型デザイン　40
　　　　　　　収斂デザイン　40／説明的順次デザイン　43／探索的順次デザイン　44
　　　　　応用型デザイン　47
　　　　　　　介入デザイン　48／社会的公正デザイン　50／多段階評価研究デザイン　52
　　　　　デザインの選択方法　54
　　　　　本章のまとめ　55
　　　　　さらに詳しく学びたい人のために　56

❖ 第 5 章　手続きダイアグラムの描画法 ─────── 59

　　本章で取り上げるトピック　59
　　ダイアグラムの定義　59
　　ダイアグラムの使用　60
　　ダイアグラムを描くためのツール　60
　　ダイアグラムの表記法　61
　　ダイアグラムの基本的要素　61
　　　　タイトル　62／垂直方向・水平方向　62／簡潔性　63／1ページに収める　63／タイムライン　64
　　ダイアグラムを描くための基本的なステップ　64
　　デザインによるダイアグラムの視覚モデル　64
　　手続きと成果をダイアグラムに加える　67
　　応用型デザインのダイアグラムを描く　67
　　本章のまとめ　68
　　さらに詳しく学びたい人のために　70

❖ 第 6 章　混合型研究の序論を書く ─────── 71

　　本章で取り上げるトピック　71
　　優れた序論の重要性　71
　　混合型研究の序論の書き方　72
　　　　トピック　72／問題　73／既存の文献　73／先行研究における混合型研究の欠落　74／オーディエンス　74
　　混合型研究の目的の書き方　75
　　　　「ベストプラクティス」における研究の目的　75／書き方の見本　76
　　混合型研究の研究設問を書く　77
　　　　量的研究の仮説または研究設問　78／質的研究の研究設問　79／混合型研究の研究設問　80
　　本章のまとめ　81
　　さらに詳しく学びたい人のために　82

❖ 第 7 章　サンプリングと統合の課題 ─────── 83

　　本章で取り上げるトピック　83

サンプリングと統合の課題　83
サンプリング　84
　量的研究のサンプリング　85／質的研究のサンプリング　86／
　混合型研究のサンプリング　87
統　合　92
　統合の類型　92／混合型研究における統合をどう表現するか
　94
本章のまとめ　97
さらに詳しく学びたい人のために　97

❖ 第8章　出版用に混合型研究論文を執筆する ───── 99

本章で取り上げるトピック　99
ふさわしい学術雑誌を探す　99
JMMR 論文の評価に用いられる規準　100
2つの混合研究法論文　101
　方法論的論文　102／経験的研究論文　102
デザインを反映した経験的研究論文の構造化　105
　収斂デザインの構造　106／説明的順次デザインの構造　106／
　探索的順次デザインの構造　107／介入デザインの構造　107／
　CBPR 混合型研究デザインの構造　108
発表論文に加えるべき項目のチェックリスト　108
本章のまとめ　109
さらに詳しく学びたい人のために　110

❖ 第9章　混合型研究の質を評価する ───── 111

本章で取り上げるトピック　111
どのように規準は適用されるか　111
評価規準は必要か　112
学術雑誌 JMMR で使用した評価規準　115
　経験的研究論文に関する JMMR の評価規準　116／方法論的／理
　論的論文に関する JMMR の評価規準　117
混合研究法に利用可能な規準　117
NIH による「ベストプラクティス」のためのアドバイス　120
本章のまとめ　122
さらに詳しく学びたい人のために　122

❖ 第 10 章　混合研究法の発展と進化 ──────────── 123
　　本章で取り上げるトピック　　123
　　科学的発展　　123
　　　　主要特性　124／専門用語　125／混合研究法の価値　125／研究デザインの進化　126／混合型研究を実施する上で求められるスキル　126／哲学や理論の使用　127／混合型研究の研究設問　128／ジョイントディスプレイ　128／混合型研究論文の執筆と出版　128／質の評価規準　129
　　デジタル時代における混合研究法　　130
　　本章のまとめ　　130
　　さらに詳しく学びたい人のために　　131

引用文献　　133
用　語　集　　137
索　　引　　143

序　文

　本書を手に取っている読者は，混合研究法について探究することや，混合研究法を用いた調査を実施することに関心をもっていることだろう。また読者は，量的（例えば質問紙調査），あるいは質的（例えばインタビュー調査）データを収集・分析することで最善の答えを得ることのできる研究課題や研究設問を恐らくもっていることだろう。そのような読者は，それら2つのデータセットを1つにすること（例えば混合すること）が研究に更なる価値を加え，単に質問紙調査の結果やインタビューの結果をばらばらに報告するより，研究課題や研究設問に対するより良い理解を可能にすることを認識しているだろうか。2つを1つにする場合，片方が数字（質問紙調査データ）で，もう片方がことば（インタビューデータ）から成る2つのデータベースをどのように組み合わせればよいのだろうか。どのようにすれば，調査の成果を優れた研究プロジェクトとして示すことができるのだろうか。本書はそのような疑問をもつ読者を歓迎する。これから読者は，いかにして2つのデータを1つに合わせ，さらには論文出版や研究助成獲得のために厳密かつ系統的に2つの方法を「混合する」べきかを学ぶことになる。

本書の目的 ❖

　本書の着想の源流は，これまでの10～15年間，私が混合研究法のワークショップを提供してきたことにある。これらのワークショップは主に混合研究法初学者に向けたものであり，混合研究法を用いて修士・博士論文を執筆したいと考えている大学院生や，この方法論を含む研究計画書を助成金獲得のために執筆している大学教員または研究者を対象とするものである。私がこれまで採ってきたアプローチは，ワークショップの中で，自身が実施してみたいと思う混合研究法を用いたプロジェクトに実際に取り組むよう参加者に勧める

ことである．このアプローチはうまくいっていたようなのだが，参加者に混合研究法について基礎的なバックグラウンドがいくらかあれば，私たちの協働はさらに良いものになっただろうとしばしば考えていた．混合研究法を主として扱った書籍やそれに特化した書籍がこれまで30冊以上出版されてきた（Onwuegbuzie, 2012）にもかかわらず，私がヴィッキー・プラノ・クラーク（Vicki Plano Clark）と共同執筆した347ページにもなる1冊も含め（Creswell & Plano Clark, 2011），残念ながらその多くはこのテーマについて長々と書かれたものである．多くのワークショップ参加者には，単に，これらの分厚い書籍を読む時間や研究法の書籍（Creswell, 2012）の中から混合研究法に関する短い章を探して読む時間さえない．参加者には，混合研究法の実施方法が書かれた学術雑誌掲載論文を見つけ出し，それを読んだりする時間はないかもしれない．そのため，ワークショップ参加者に2～3時間もあれば読めてしまうような，混合研究法を紹介する簡潔な書籍の必要性を私は感じた．本書の主な目的は，読者に混合研究法の概要を提供し，混合研究法を用いた研究（混合型研究）を計画またはデザインする上での基本的なステップを紹介することである．本書はコンパクトに要点をまとめた書籍であるため，混合研究法についての広範な内容は扱わない．しかしながら，この方法論を理解するために必要な基礎は提供するはずである．

❖ 読　　　者

　本書は，混合研究法の初学者から，混合研究法の新しい知見やスキルを短期間で学びたいと考える，より経験豊かな研究者までを対象にしている．本書は，社会，行動，そして健康科学を専門とする米国の人々だけでなく，世界中の様々な大陸に暮らす研究者にとっても混合研究法の手引きとなるはずである．

❖ 本書の特徴

　本書では，簡単に読み進められるような工夫がなされている．それぞれの章は短くまとめられており，テキストの流れを妨げないように引用文献や実例

は最小限にとどめてある。追加資料は各章の章末にリストされている。そして，この方法論の学術用語を素早く理解できるように，巻末に重要単語を含む短い用語集を付けた。本書で紹介されている多くのアイデアは，SAGEとPearsonから出版されている研究法に関する私の書籍（一部はプラノ・クラークとの共著による）から導き出されたものである。

本書に収載された各章の内容 ❖

　第1章は，混合研究法の定義とこの方法論の主たる特徴の解説から始まる。第2章では，混合研究法プロジェクトをデザインしたいと考えている学生や教員がオフィスに訪ねて来た際に，私がアドバイジングに使用するいくつかのステップを示している。疑う余地もなく，混合型研究を実施するには量的・質的研究の両方と混合研究法のスキルが必要となる。したがって，第3章ではこの形態の調査を行うために必要となる基本的なスキルについて概観する。そして第4章では，すべての混合研究法プロジェクトで最も重要となる「デザイン」に焦点を移し，今日の混合研究法プロジェクトで使用されている6つの主たるデザインについて論じる。続く第5章ではそれぞれのデザインについて，どのように手続きの流れを示すダイアグラム（略図）を描くのかに焦点を当てる。デザインを念頭に置いた上で，混合研究法プロジェクトを計画する人は第6章を参照することができる。ここではプロジェクトの冒頭部分をどのように執筆するかを論じている。これはつまり序論であり，そこには目的の言明または研究の狙い，そして研究設問が含まれている。第7章では，プロジェクトを計画する際に重要となる2つの問題，つまりサンプリングと統合の議論がなされており，これらの問題は，混合研究法デザインの異なるタイプごとに生じる。第8章では，プロセスの最終部分に一気に進み，調査が完了した後に混合研究法の論文を出版する上でのアドバイスを提示する。第9章は混合研究法プロジェクト全体を通して高い質を維持することの重要性を確認し，研究の質を評価するために作られた規準について概観する。第10章では，本書の様々な章を通して強調した混合研究法における一部の科学的発展についてまとめ，混合研究法を研究実施におけるデジタル時代の中に位置づけることで未来を展望する。

全ての章において，量的・質的研究を交互に扱うことで，これらの2つのアプローチを等しく強調する。

謝　辞

　過去 15 年の間に，分野や国を越えて私の混合研究法ワークショップに参加してくださったすべての方々のご支援に感謝する。有益なコメントをいただいたことにお礼を申し上げたい。また，私の研究法の執筆を支えてくださる SAGE ファミリーにも感謝を述べたい。研究法，統計，そして評価研究担当の編集者ヴィッキー・ナイト（Vicki Knight）は私の仕事をこれまで支えてくださっている。私のプロジェクトに寄せられる彼女の才能に感謝している。そして，執筆時私の博士後期課程の教え子であり，ネブラスカ大学リンカーン校の上級研究助手であったティム・ガタマン（Tim Gutterman）にも感謝している。彼は本プロジェクトの全過程を通じて貴重な支援を提供し，本書に洞察と研究スキルをもたらしてくれた。

著者について

ジョン・W・クレスウェル（John W. Creswell）氏は教育心理学で Ph.D. を有しており，本書執筆時には米国ネブラスカ大学リンカーン校において教育心理学の教授を務めていた。その後 2015 年にミシガン大学混合研究法研究所共同主任に就任している。これまで，混合研究法，質的研究法，そして研究デザイン全般に関する多数の論文と，20 冊以上の書籍（新版を含む）を出版している。それらの多くが研究デザインのタイプ，異なる質的研究方法の比較，そして混合研究法の特質や使用に関するものである。氏の書籍は多くの言語に訳され，世界中で読まれている。氏は *Journal of Mixed Methods Research*（SAGE 出版）の初代共同編集長でもある。また，国立衛生研究所（NIH）や国立科学財団（NSF）への研究助成に応募する健康科学や教育分野の研究者を，方法論の面から支援している。氏は，米国退役軍人保健局のために保健サービス研究分野のコンサルタントとしても幅広く活躍している。2008 年にはシニア・フルブライト・スカラーとして南アフリカに渡り，教育と健康科学の分野の混合研究法について，5 つの大学で教授や学生を対象に講義を行っている。2012 年には再びシニア・フルブライト・スカラーとしてタイに渡っている。2011 年には，NIH の作業部会の共同リーダーとして，健康科学における混合研究法のベストプラクティスを策定している。2013 年春には，ハーバード大学公衆衛生学部の客員教授を務め，2013 年夏には英国ケンブリッジ大学にて混合研究法のトレーニングを実施している。さらに 2014 年には，南アフリカのプレトリア大学から名誉博士号を授与されている。

訳者まえがき

　混合研究法（mixed methods research：MMR）は，ここ数十年で急速に発展を遂げてきた比較的新しい研究アプローチである。そして，今なお発展途上にあり，日々新たな議論やテクニックが生み出されている。本書は，混合研究法をその黎明期から長年にわたって牽引してきた John W. Creswell による1冊である。日本語の翻訳本としては『研究デザイン―質的・量的・そしてミックス法』（操華子・森岡崇訳，日本看護協会出版会，2007年），『人間科学のための混合研究法―質的・量的アプローチをつなぐ研究デザイン』（大谷順子訳，北大路書房，2010年）に続き3冊目となる。本書の内容は，混合研究法に関する最新の議論を反映したものとなっている。

　著者の Creswell は，本書を，時間がない保健医療分野の読者を主たる対象とし，混合研究法の A から Z を最重要ポイントに絞ってコンパクトにまとめている。もちろん，本書を読むことで恩恵を受けるのは保健医療分野の読者に限らない。心理学，社会学，教育学，経営学，コミュニケーション学など，幅広く人間科学・社会科学の分野の研究者にとっても大変有益な1冊といえる。分野を問わず，特に混合研究法初学者にとっては，わかりやすくポイントを絞って，平易なことばで混合研究法の要点を解説した本書は，最初に手にして頂きたい1冊といえるだろう。

　混合研究法は一般的に，当該アプローチに特有な専門用語や様々なデザインの呼称が存在するなどの理由から，とっつきにくい研究アプローチであるという印象をもっている研究者が少なくないかもしれない。しかし，実のところは大変合理的かつシンプルなアイデアに支えられた研究アプローチであると私は考えている。拙著『混合研究法入門―質と量による統合のアート』（医学書院，2015年）のタイトルが示すとおり，混合研究法の核心とは，質的データと量的データから得られた結果を1つに統合したからこそアクセス可能となった，単一メソッドによる研究だけでは知り得なかった新しい知識を構築することなの

である。そして，この統合を行う際には，研究者のクリエイティビティが求められる。どのようにして異なるデータを統合すれば新たな景色が浮かび上がるのか，そこに求められる作業に，私はアーティストの創作活動との類似性を見る。拙著のタイトルの副題を「質と量による統合のアート」としたのは，私のそのような思いからであった。

　本書を翻訳するにあたっては，これまで既に出版された日本語の翻訳本で使用されてきた訳出を大切にし，可能な限り大きな変更を加えることのないようにした。一方で，日本において混合研究法コミュニティを醸成していく上で，共通言語をもつことの重要性も認識していたので，いくつかの訳出については，現段階で最善と思われるものに変更する作業も行った。訳出の統一に向けた作業は，私自身が編者の一人としてその編集に関わった，日本混合研究法学会監修の書籍『混合研究法への誘い―質的・量的研究を統合する新しい実践研究アプローチ』(抱井尚子・成田慶一編，遠見書房，2016年) において意識的に行い，今回はその成果を本書に活かすことができたと思っている。例えば，原文において mixed methods research という不可算名詞の形を採っている場合は，研究アプローチを指す用語として原則「混合研究法」と訳した。一方，原文において mixed methods studies という可算名詞の形を採っている場合は，1つ，2つと数えられる具体的な調査研究プロジェクトを指す訳語として「混合型研究」を用いた。mixed methods design, mixed methods sampling, または mixed methods research question のように，"mixed methods" に他の名詞が続く場合は，文脈によって訳し分けている。例えば，mixed methods design や mixed methods sampling の場合は，それぞれ「混合研究法デザイン」，「混合研究法サンプリング」といった訳し方をしているが，research question の場合は，具体的な調査研究において設定された研究設問という意味合いを強調するために「混合型研究の研究設問」という訳出を採用した。他にも "mixed methods" を研究アプローチとして訳すべきか，具体的な調査研究として訳すべきか迷った際には，文脈から判断して訳出を決めさせていただいた。また，これまで収斂的 (convergent)，順次的 (sequential) と訳されてきたデザイン名は，それぞれ「的」を外して，収斂デザイン，(説明的または探索的) 順次デザインと訳している。なお，補足情報が必要と思われる場合には，本書のページの下部に

訳者による注釈を付けた。

　混合研究法は，20世紀後半に勃発した質的・量的研究者間での研究アプローチの優位性をめぐる論争の果てに誕生した。ことばと数字によるシナジーの力を信じる研究者にとって，混合研究法が心強いパートナーとなってくれることを私は確信している。少しでも多くの方に，本書を通じて混合研究法に対する理解を深め，研究実践の中で積極的に活かしていただければ幸いである。

2017年夏

抱井　尚子

訳者謝辞

　本書の出版にあたり，多くの方々に支えていただきました。

　ナカニシヤ出版の宍倉由髙氏と混合研究法の書籍の出版の話を初めてさせていただいたのが10年以上も前のことでした。その頃はまだ，混合研究法のフィールドそのものが今以上に流動的で，ご期待にお応えする勇気がもてませんでした。しかし，今回やっとこのような形で混合研究法の書籍をナカニシヤ出版より世に送り出すことができることになりました。大変うれしく思うと同時に，今に至るまでの宍倉氏の変わらぬご支援に改めて感謝申し上げます。

　また，本書の編集をご担当いただいたナカニシヤ出版の山本あかね氏にも，心より感謝申し上げます。山本氏には，常に丁寧なお仕事を通して支えていただいております。氏のご尽力なしには，本書をこのタイミングでお届けすることは叶わなかったかもしれません。

　さらに，貴重な著作の1つである"*A Concise Introduction to Mixed Methods Research*"を翻訳する機会をくださったCreswell先生にも，心から感謝致します。先生は，日本の混合研究法コミュニティの発展にも常に寄り添い，温かいご支援をくださっています。

　最後に，本書の完成を支えてくださった家族，友人，同僚をはじめとする多くの方々に，そして本書の装丁にデザイン画を提供してくださった教え子の洪上婷さんに，この場をお借りして御礼を申し上げます。

第1章
混合研究法の基本的特徴

❖ **本章で取り上げるトピック** ❖

- 誕生以来 25 年となる，方法論と方法としての混合研究法
- 混合研究法の定義
- 混合研究法ではないもの
- 混合研究法の4つの主要な特徴

❖ **混合研究法を理解する** ❖

　まず，混合研究法（mixed methods research：MMR）の基本的な特徴について一定の合意を得ておくのがよいだろう。このアプローチは，**方法論（methodology）** の領域において 25 年の歴史をもち，容易に特定することができる共通要素を有している。このことは，本アプローチの中核的意味に関して意見の不一致がないということではない。このアプローチは1つの哲学的立場からとらえることができ，そこでは認識論や他の哲学的前提が中心的話題となる。またこのアプローチを，1つの方法論，つまり一般的な哲学から始まり，結果の解釈および公表におよぶ研究プロセスとして示すこともできる。あるいは，フェミニズムや障がい理論など，変革の視点の枠組みの中に据えることも可能である。これらすべての可能性が考えられるため，書き手の視点に基づいてそれぞれの定義があることを認識しておくことが重要である。
　私の立場は，混合研究法を1つの**方法（method）** と見なすというものである。これはつまり，データ収集，分析，そして解釈が中心テーマとなる，方法重視

の独特な姿勢である。このことが，哲学や方法論，または研究設問（research questions）の重要性を軽視するということではない。単に方法に重きを置くということであり，それによって混合研究法の分野に入っていくための明確で具体的な手段が提供されるということである。

❖　混合研究法とは何か

この視点に基づき，**混合研究法**を次のように定義付ける。

> 研究課題を理解するために，（閉鎖型の質問による）**量的データ**と（開放型の質問による）**質的データ**の両方を収集し，2つを統合し，両方のデータがもつ強みを合わせたところから解釈を導き出す，社会，行動，そして健康科学における研究アプローチである。

このアプローチの核となる前提は，調査者が，統計的傾向（量的データ）にストーリーや個人の経験（質的データ）を結び付けた時に，その組み合わせによる強みが，どちらか一方のデータのみを使用した時よりも研究課題に対するより良い理解をもたらすというものである。

❖　混合研究法ではないもの

上記の定義に基づき，混合研究法ではないものを推定することができる。

1. 混合研究法は，単に量的・質的データの両方を収集したものではない。この形態の研究は有益ではあるが，2つのデータ源の統合については論じておらず，またこの2つの組み合わせが研究にもたらす強みを掻き立てるものではない。
2. 混合研究法は，研究において単にその名称を使えばよいというものではない。この方法論に関わる具体的な科学的技法があり，混合研究法に精通した査読者はそれらが示されていることを期待する。

3. 混合研究法を量的研究の混合モデルアプローチ（mixed model approach），つまり調査者がデータベースにおける固定効果（fixed effects）とランダム効果（random effects）の統計分析を行うアプローチと混同してはならない。
4. 混合研究法は，形成的評価（formative evaluation）や総括的評価（summative evaluation）などの単なる評価技法ではない。たとえ研究者がそのような評価を行う中で量的・質的データの両方を収集し統合したとしてもである。
5. 混合研究法は，単に量的研究デザインに質的データを加えたものではない。混合研究法をそのようなやり方で使うこともできるが，質的研究デザインに量的データを加えることもできる。いずれの場合も，そのようなやり方を採用する根拠が必要となる。
6. さらに混合研究法は，複数の形態の質的データ（例えば，インタビューや観察）や量的データ（例えば，質問紙調査データや実験データ）を収集することではない。混合研究法には，量的・質的データ両方の収集，分析，そして統合が必要である。このように，研究に対し異なるアプローチ（例えば，傾向およびストーリーや個人の経験）を用いることの価値は，1つの形態のデータ（量的または質的）のみを収集した時よりも研究課題への理解を深めることが可能になるところにある。複数の形態の質的データ（または複数の形態の量的データ）のみが収集された場合，これはマルチメソッド・リサーチ（multimethod research）であり，混合研究法（mixed methods research）ではない。

混合研究法の主要な特徴 ❖

・研究設問に対する量的・質的データの収集と分析
・厳密な質的・量的方法の使用
・特定の型の混合研究法デザインを用いた量的・質的データの組み合わせまたは統合と，この統合の解釈
・（場合により）哲学または理論によるデザインの枠付け

本章の残りの部分では，主要な特徴のそれぞれについて詳しく述べる。

量的・質的データを収集する

2つのタイプのデータは異なり，その役割も違っているが，それらは等しく重要な役割を担うという前提に立って話を始める。量的方法を使用する研究者は，調査内容を決定し，特定の研究設問または仮説を立て，その答えを得る上で助けとなる変数を測定し，研究設問／仮説に答えるための情報を得る目的で統計分析を使用し，結果を解釈する。このタイプの研究は質的研究とはかなり異なる。質的研究では，調査者が大まかな研究設問を立て，テキスト，音声録音，またはビデオ録画のような形式でデータを収集する。質的研究の特徴は，調査者が研究参加者を観察したり，インタビュー，フォーカスグループ，質問紙などを通して開放型の質問を直接研究参加者に尋ねることによってデータを収集することである。質的データを収集した後に調査者はテーマ分析を行い，ストーリーやナラティブのような文章形式によって結果を提示する。このように，2つのアプローチは一般的な研究プロセスをたどる。つまり，課題を特定し，研究設問を定め，データを収集・分析し，結果を解釈するのである。しかしながら，それぞれの段階をどのように実施するかの手法は，2つの方法の間でかなり隔たりがある。

量的・質的研究の両方の要素が混合研究法を用いる調査（つまり，混合型研究）には含まれている。したがって，混合型研究を実施する調査者は量的・質的アプローチの両方のスキルを有している必要がある。さらに，混合研究法デザインを最大限に活かすために，調査者は量的・質的研究の両方の長所と短所も理解している必要がある。量的・質的研究の大まかな比較は，表1.1を参照されたい。

厳密な方法を使用する

混合型研究には量的・質的研究のどちらの部分も含まれるが，これはそれぞれのアプローチの規模が縮小されるという意味ではない。長年にわたり，様々

表 1.1　質的・量的研究の長所と短所

質的研究	
長所	短所
少数の人々のもつ視点を詳細に示す 研究参加者の声をとらえる 研究参加者の経験を文脈の中で理解する 研究者ではなく，研究参加者の視点に基づいている ストーリーを楽しむ人々を引きつける	一般化可能性が制限される ソフトなデータ（数字のようなハードなデータではない）のみを提供する 少数の人々のみを調査する 極めて主観的である 研究参加者への依存度が高いため，研究者の専門知識の使用は最小に抑えられる

量的研究	
長所	短所
多数の人々に関する結論を導き出す 効率的にデータを分析する データ内における関係性を調査する 推定される原因と結果を調査する 偏りを統制する 数字を好む人々を引きつける	非人間的で，無味乾燥である 研究参加者のことばを記録しない 研究参加者が置かれた文脈への理解は限定的である 概して研究者主導である

な研究者たちが，量的または質的研究の観点から研究を厳密なものとするための規準を提示してきた。これらのガイドラインに私たちは注意を払う必要があり，それらが医療分野における CONSORT ガイドライン[1]であろうが，*Research Design: Qualitative, Quantitative, and Mixed Methods Approaches*[2]（Creswell, 2014）のような研究デザインに関する書籍の中に示されている質的研究のインフォーマルなガイドラインであろうが関係ない。量的・質的方法の厳密さに関する重要な要素は以下のとおりである。

・デザインのタイプ（例えば，実験，エスノグラフィー）

---

[1] 国際医学雑誌 *Annals of Internal Medicine* によって定められた，臨床試験のガイドラインのこと。
[2] 日本では本書の第2版が翻訳出版されている（Creswell, J. W.（2007/2003）．研究デザイン―質的，量的，そしてミックス法　操華子・森岡崇（共訳）日本看護協会出版会）。

- フィールドへのアクセスの許可
- サンプリング方法（系統的 vs. 合目的的）
- 研究参加者の人数
- 収集されるデータのタイプ（例えば，テキスト，音声録音，ビデオ録画，テスト得点，質問紙への回答）
- データ収集のための道具（例えば，質問紙調査票，観察用チェックリスト，開放型インタビュー，フォーカスグループ・プロトコル）
- データ分析の第1段階としてのデータベースの整理とクリーニング
- 基本的なアプローチからより高度なアプローチまでを含む，次の段階のデータ分析における作業（例えば，記述統計から推測統計，コード化からテーマの生成）
- データの妥当性と信頼性を確立するためのアプローチ（例えば，内的妥当性 vs. 妥当性戦略）

データを統合する

　混合研究法の分野において，どのようにデータベースを統合するかという疑問以上に複雑なトピックはないだろう。ことばもしくはテキストデータと，数字もしくは数量的データの間で，どのように折り合いを付ければよいのだろうか。一般的に調査者は一方のタイプのデータ（つまり，量的または質的データ）しか扱わないため，統合の手続きについては大抵の場合はまったくわからない。
　どこからどのようにデータベースを統合したらよいかを理解するには，**混合研究法デザインのタイプ**についてまずは知ることが必要である（これらのデザインについてはここでは簡単に触れ，第4章においてさらに詳しく説明する）。混合研究法を用いたプロジェクトの中心には，3つの基本型デザインと，これらが拡張された3つの応用型デザインがある。
　3つの基本型デザインは以下のとおりである。

- 収斂デザインは，量的・質的データの両方を収集・分析し，2つのデータ分析の結果を比較目的のために結合するものである（一方のデータセット

の妥当性をもう一方のデータセットで実証するという言い方もある）。
- 説明的順次デザインは，まず量的方法を用い，量的結果をさらに深く説明する目的で次に質的方法を用いるものである。これは使いやすく，わかりやすいデザインである。
- 探索的順次デザインは，まずは研究課題を質的方法によって探索することを目的とする。これは，問題の所在が不明，母集団についてほとんど研究がなされていない，母集団がほとんど把握されていない，またはフィールドへのアクセスが困難といった理由に依る。この最初の探索の後，研究者はプロジェクトにおける次の量的段階を組み立てるために質的研究結果を用いる。この段階では研究において変数を測定するための測定尺度をデザインしたり，介入研究のためのアクティビティを開発したり，既存の測定尺度を用いて比較するための類型をデザインしたりする。第3段階では，量的測定尺度，介入，または変数が量的データ収集・分析の中で使用される。

典型的には，これらの基本型デザインのうち1つがすべての混合型研究において明示的もしくは暗示的に使用されている。一部の研究においては，基本型デザインにさらなる特徴が加えられる。このようなデザインを私は応用型デザインと呼んでいる。以下に今日の混合研究法文献の中で多く用いられている応用型デザインの例を挙げる。

- 介入研究デザインは，調査者が収斂デザイン，説明的デザイン，または探索的デザインをより大きな介入研究の枠組みで使用するものである。簡単に言えば，調査者が介入研究の前，最中，後といった研究のいずれかの段階で質的データを収集するものである。この場合の統合は，介入研究の中に質的データを埋め込むことでなされる。
- 社会的公正または変革デザインは，調査者が収斂的，説明的，探索的デザインに社会的公正の枠組みを含めたものである。この枠組みは混合型研究の異なる段階において用いられるものだが，このデザインは今日私たちが生きる社会において個人の生活を改善することを志向する研究の一貫した

焦点となる（例えば，フェミニスト研究の社会的公正デザイン）。研究全般を通して社会的公正の概念を織り込むことで，このタイプのデザインの統合はなされる。
- 多段階評価研究デザインは，長期にわたる多くの段階を含む縦断的研究であり，そこには継続的に実施される調査の中心的な目的がある。この目的のもとで，収斂的，説明的，探索的デザインを使用した複数の混合型研究（および単独の量的研究と質的研究）が使用される。このデザインの主要な例としては，地域におけるプログラムの企画，予備調査，そして実施に至る，長期間におよぶ評価研究が挙げられる。この評価研究には，多くの段階の調査が含まれる。つまり，ニーズ調査，概念的枠組み，プログラムの検証，そしてプログラムのフォローアップである。この場合，統合は，長期間にわたり研究が１つの段階から他の段階に拡張されることによってなされる。

統合はまた，デザインのタイプにより，結合，説明，積み上げ，そして埋め込みの様々な形を採ることができる。デザインは，事前に計画されるというよりは，プロジェクトの中から立ち現れてくるのが一般的である。さらに，これらの基本型および応用型デザインには様々な変形を加えることが可能であり，しばしばそのように使用されている。とはいえ，混合研究法の初学者には６つのデザイン（３つの基本型と３つの応用型）を理解することが大切であろう。というのも，これらのデザインは先行研究においてよく目にするタイプだからである。

枠組みを使用する

応用型デザインは，混合研究法においてしばしば使用される，様々な概念的・理論的枠組みの重要性を示す。多くの混合型研究の中には，それらを形作る社会的または行動科学的枠組みが使用されているのを目にする。例えば，説明的順次デザインを発展させ，量的・質的結果の両方を提示するために，リーダーシップ理論を使用する研究者がいるかもしれない。あるいは，健康科学に

おいては，行動変容モデルが混合型研究を形作るかもしれない。社会的公正デザインによって示されるように，周縁化された集団の要求に応えるためにプロジェクトを形成するのは，変革またはアドボカシーの枠組みかもしれない（例えば，人種プロファイリングの混合型研究）。これらの理論的枠組みは，社会的もしくは行動的理論モデルか，変革の理論的モデルのいずれかにあたる。

　混合型研究において用いられるもう1つの枠組みは，哲学的視座である。哲学的枠組みは，研究者はいかに知識を発見するのかといった，研究に関する大まかな信念と前提である。私たちは皆，研究課題を調査する際に，世界の本質に関する私たち自身の理解や，どのような情報が収集されるべきかについての前提（例えば，「主観的知識」対「客観的知識」）を持ち込む。研究においてこれらの哲学的前提の重要性に対し明示的であるか暗示的であるかに関しては，研究分野によって異なる。分野が何であれ，私たちの価値や信念が，私たち自身の研究に対する姿勢や，データ収集の方法，研究に持ち込むバイアス，そして調査がより創発的であるか固定的であるかを方向付けることを認識することが重要である。

本章のまとめ ❖

以下は，混合型研究を計画または実施する研究者に対するアドバイスである。

- 混合研究法を定義する。
- 提案された研究がこの定義に合致するものかを確認する，そして，
- 混合型研究プロジェクトに対する研究者の考えが，混合型研究のもつ4つの主要な特徴を有しているか否かを以下の問いを自問することで評価する。
    ◇ 研究設問に答えるために，量的・質的データを収集・分析しているだろうか。
    ◇ 厳密な質的・量的方法を使用しているだろうか。
    ◇ 量的・質的データを組み合わせたり統合したりしているだろうか，この統合の結果を解釈しているだろうか，そして混合研究法デザインを用いているだろうか。

◇哲学的そして（または）理論的枠組みの中に研究を位置付けているだろうか。

❖ さらに詳しく学びたい人のために

Creswell, J. W., & Plano Clark, V. L. (2011). *Designing and conducting mixed methods research* (2nd ed.). Thousand Oaks, CA: SAGE.

Johnson, R. B., Onwuegbuzie, A. J., & Turner, L. A. (2007). Toward a definition of mixed methods research. *Journal of Mixed Methods Research*, *1* (2), 112-133.

第2章
混合型研究をデザインする手順

❖ 本章で取り上げるトピック ❖

・混合研究法デザインを学ぶための「オフィス訪問」
・混合型研究をデザインする手順

❖ 研究計画を立てる必要性 ❖

　混合型研究の実施を希望する人は，しばしば，このテーマの書籍を参照したり，混合型研究の実施経験をもつ教員やリソースパーソンに相談したり，方法論について学ぶことのできるワークショップや学術集会に参加する。このようなリソースは，特に混合研究法の初学者や世界の果ての国々に暮らす人々にとっては利用できないことがある。そこで本章では，混合研究法をどのように実施するべきかについて私が研究者にアドバイスをする際よく用いる手順について解説する。それはまるで，あなたが私のオフィスに訪ねて来て混合型研究プロジェクトをデザインするのを，私が段階的にサポートするような形になるだろう。疑う余地もなく，1回のセッションでこれらのテーマを十分に網羅することはできないので，この共同作業のためには何回かのミーティングが必要になる。
　まず，あなたの混合型研究の読み手はいるか（例えば，大学院委員会，学術雑誌，書籍，研究助成資金提供機関），量的・質的両方のデータへのアクセスおよび使用許可はあるか，量的・質的研究の両方におけるスキルはあるか（第3章参照），そして研究課題を検討する上で複数の視点を利用することに対し開

かれた心を有しているか，を私は尋ねるだろう。そして，これから話し合う可能性のあるトピックについて，研究プロジェクトを実施する上で典型的な順序に従うのではなく，あなたがプロジェクトを容易に開始することができる順序（例えば，達成目標の話し合いから開始）に沿って話し合うだろう。私がこの順序を意図的に導入するのは，デザインのより難しい要素に取り組む前に，具体的で簡単な方法であなたが前に進むことができるようにするためである。しかしながら，計画作業が終了した後は，研究計画を立てる上で典型的に見られる論理的な順序に組み立て直すことになる。混合研究法のプロセスの全てがこの面談に含まれるわけではないが，あなたの研究が堅固な基盤をもつものとなるよう，主要な作業手順は網羅される。

❖ 混合型研究のプロセスにおける諸段階

ここで取り上げる混合研究法のプロセスにおける諸段階は，以下のとおりである。

1. プロジェクトの仮題を書く。
2. 研究の必要性を強調する問題や課題を特定する。
3. 研究の目的または解が求められる大まかな質問を提示する。
4. 用いられるデータ収集および分析のタイプを特定する。
5. プロジェクトにおいて混合研究法を用いる理由を特定する。
6. 世界観および理論的議論を含めるか否かを検討する。
7. 混合研究法を定義する。
8. 混合研究法デザインを選択する。
9. デザインの図を描く。
10. 研究における方法論や妥当性に関する課題を検討する。
11. 混合型研究の狙いと目的を書く。
12. デザインに合致する研究設問（量的，質的，および混合型）を加える。

プロジェクトの作業仮題 ❖

プロジェクトのタイトルから書き始めることに，あなたは違和感を覚えるかもしれない。しかしながら，タイトルは研究において主要な役割を果たすもの——いうなれば，プロジェクト全体の焦点——であると私はみなしている。したがって，タイトルを明確にすることは，研究をデザインし始める段階において欠くことのできない部分となる。確かに，プロジェクトがより明確に定義され，焦点化されるに従い，タイトルは徐々に変わっていくだろう。

優れた混合型研究のタイトルに含まれるべき主要な要素がいくつかある。

- 取り上げられるテーマ（例えば，緩和ケアまたはいじめ）
- 研究参加者（つまり，高齢患者や高齢市民といった，データ収集の対象となる人々）や，おそらく研究参加者がいる場所（例えば，総合大学や高齢者センター）
- 使用される方法論を表す混合研究法という用語
- 量的または質的研究のどちらにも偏らない，中立的な言語（少なくとも着手の段階において）。探索，意味，または発見のような，質的研究を想起することばを避けること。また，関係，相関，説明といった，量的研究を想起することばも避けること。目指すは「中立的な」タイトルを考えることである。というのも，混合研究法は量的・質的研究の間に存在するからである。

加えて，タイトルは短くし（例えば，英語10ワード未満），おそらくコロン[1]を使用して2つの部分に分けるのがよい。量的・質的研究ということばをタイトルの中に示すとよい。以下はいくつかの優れたタイトル例である。

例1. Unwritten rules of talking to doctors about depression: Integrating quantitative and qualitative methods（Wittink, Barg, & Gallo, 2006）

---

[1] 日本語論文の場合，副題の前または前後に2マスダッシュを付けるのが一般的。

うつについて医師に伝える際の不文律――量的・質的方法の統合――
(Wittink, Barg, & Gallo, 2006)
例2. Students' persistence in a distributed doctoral program in educational leadership in higher education: A mixed methods study (Ivankova & Stick, 2007)
分散型博士課程プログラム[2]において高等教育の教育リーダーシップを専攻する学生の持続性――混合型研究（Ivankova & Stick, 2007)

❖ 混合型研究の必要性を示す問題

　次に，混合型研究の実施を必要とする問題や関心事について，短い段落を1つ執筆することが重要である。これは簡単に書ける段落ではないが，優れた研究論文の最も重要な要素の1つである。もし読者が学術雑誌に掲載された論文を見て，そこに読み続けるべき説得力のある理由（すなわち「問題」）を見いだせなければ，その論文に対する読者の関心は，すぐに薄れることだろう。それ故，小説家のように考え，冒頭の下りで読者の注意を引き付けなくてはならない。
　この段落を書くことが難しい理由は，研究の本質的基本的理解にある。研究では問題に取り組むことが意図されている。これは，疑う余地のないことを述べているかもしれないが，研究者がこの重要な事実を理解しているかという点について，私は常に確信をもっているわけではない。さらに，問題を記述することは時に困難である。なぜなら，何がなされているかということを書く方が，何がなされる「べき」かを書くことよりずっと容易であるからだ。問題に関する記述の多くは，「何を改める必要があるか」ではなく，「何が存在するのか」というものが多いように思われる。したがって，混合型研究の計画のためにこの段落をあなたに書いてもらう上で，取り組むべき「問題」または関心事について考えるように私は求めるだろう。場合によっては，1つ以上の課題が研究の必要性を導くかもしれない。また私は，「先行研究における必要性」や「ギャ

2　オンライン博士課程プログラムのこと。「分散型」という用語は現在使用されておらず，「オンライン」ということばが使用されるのが一般的である。

ップ」，あるいは先行研究が示す「一貫性を欠いた結果」といったことを超越する記述を検討するようにアドバイスするだろう。これらのことは，ある問題に向かうための有益な論理的根拠ではあるが，私が「実践的」問題と呼ぶもの，つまり実際に現実世界に存在し，取り組む必要のある問題も扱うことが望ましい。政策立案者，医療従事者，教師には何が必要なのだろうか。現実世界の問題と先行研究における欠落点を組み合わせながら執筆を進めていこう。

研究の目的または答えられるべき問い ❖

タイトルを作成し，問題を明らかにした後は，大まかな調査の目的（または狙い）を提示しよう。これは一文で表すことができる。この文は，後に計画書の目的の言明または調査目的のセクションで使うことになる。この調査の目的を書く1つの方法は，調査が終了するまでにあなたが何を達成したいのかを検討することである。何がプロジェクトの最重要課題なのだろうか。

仮想的なオフィス訪問の最中にあなたがこれらの点について述べたとしたら，私はそのことば遣いに関心をもつだろう。ここでのことば遣いは，あなたに最も適しているデザインのタイプと，あなたの能力のレベルを知る手がかりとなる。あなたの研究の方向性を表し，またあなたにとって最も興味深い混合研究法デザインのタイプを指し示すような，量的または質的なことばを私は探すだろう。

用いられるデータ収集とデータ分析のタイプ ❖

次の段階では，量的および質的データ収集と分析のタイプを特定することが重要である。2列の枠を描き，それぞれにあなたのプロジェクトで用いられるデータ収集と分析の形態をリストアップしよう。通常私は調査者に対し，以下の事柄を（量的・質的データの両方の）データ収集のところで特定するよう指導している。

・調査参加者

- 調査フィールド
- 調査参加者の人数
- 収集される情報(例えば,量的には測定指標や変数,質的には中心となる現象)
- データのタイプ(例えば,測定尺度,各種記録,インタビュー)

私はまた,用いることが予想されるデータ分析の具体的な手順もリストアップするように指導している。

- データを整理する手続き(例えば,SPSS のファイルに変換する,音声記録を書き起こす)
- 基礎的なデータ分析の手続き(例えば,質的データのコード化,量的データの記述分析)
- より高度なデータ分析の手続き(例えば,量的にはグループの比較や変数間の関連付け,質的にはテーマやクロノロジーの生成)
- 使用され得るソフトウェア(例えば,SPSS,MAXQDA)

❖ 混合研究法を用いる理由

　この作業プロセスにおける次のステップは,混合研究法を方法論として採用する理由を明確にする段落を書くことである。ちょうど質的研究が連邦政府に提出する研究計画書において一般的にそうであるように,今日私たちは混合研究法においてもこれを用いる根拠を提示する必要があると私は考える。おそらく,この方法論がより広く知れ渡り受容されるにつれ,将来的にはこれを使用する上での根拠を示す必要はなくなるだろう。それまでは,研究において,混合研究法が適切な方法論であることを読み手に納得してもらう必要がある。それでは,それはどのようになされるのだろうか。

　この問いに対し,2 つの部分から成る答えがあると私は考える。まず,調査の中で混合研究法を使用する一般的な根拠がある。問題を理解する上で量的研究または質的研究のどちらかのみを使用することでは不十分である時,混合

研究法を用いることが適切となる。単一の方法のみを使用することは，それぞれのアプローチがもつ固有の弱点故に不十分となるかもしれない。量的研究では個人のもつストーリーや意味を十分に調査することや，個人の視点を深く精査することはできない。質的研究では少数の人々から大きな母集団への一般化はできない。質的研究では，一般の人々が何を感じているかを正確に測定することはできない。要するに，すべての研究方法には長所と短所があり，それぞれの長所の組合せが混合研究法を使用する望ましい根拠となるのである（量的研究は一般化や規則性を見出す機会を，質的研究は個人の経験に関する深い視点を提供する）。あるいはまた，一方の形態の研究がもつ長所が，他方の研究がもつ欠点をどのように補うことができるかを検討するということもあるだろう。これは，混合研究法の初期の著作物の中で提示された中心的議論であった（Rossman & Wilson, 1985 を参照）。

　より具体的なレベルでは，量的・質的研究の組合せが以下のことを可能にするといえる。

- 質問紙からの閉鎖型の回答データ（量的）と特定の個人からの開放型のデータ（質的）の2つの異なる視点を得る。
- 量的または質的視点のどちらか一方よりも，より包括的な見解と問題に関するより多くのデータを得る。
- 質問紙で収集したデータ（量的情報）に，個人の経験に関する状況，場，そしてコンテクストに関わる詳細情報（質的情報）を加える。
- 個人に対し予備的な探索的調査（質的研究）を実施し，測定尺度，測定指標，介入（量的研究）が実際に研究対象となる調査参加者とフィールドに適合するかを確認する。そして，例えばリクルートする調査参加者と用いる介入を特定し，介入実験中の調査参加者の個人的経験を評価し，アウトカムをさらに説明するためのフォローアップを実施することで，実験（量的研究）に質的データを加える。

　混合型研究をあなたが計画しているのであれば，混合研究法を用いる一般的な根拠と，上記のリストに目を通して，これらのうちいずれかがあなたの特

定の研究に合致しているかを見極めた上で，具体的な根拠を示すことを勧める。これらの具体的な根拠は，特定の混合研究法デザインとリンクされる（後に第4章で取り上げる）。

❖ 世界観または理論を特定する

　私たちは皆，それが明示的であろうがなかろうが，研究に世界観（またはパラダイム）を持ち込む。この世界観とは，私たちがどのように調査に着手するかを特徴付ける信念や価値のまとまりである（Guba, 1990）。このトピックとともに，私たちは研究実施に関する哲学の領域に足を踏み入れた。これらの信念は，主張をする際にどのような種類のエビデンス（根拠）を用いるのか（**認識論**），またはリアリティは複数存在するかそれとも1つか（**存在論**）に関わってくるだろう。例えば，大勢の人々の行動を説明するのに役立つ理論の中にリアリティは見出されると感じるかもしれないし，あるいはまたリアリティは1つの一般的な説明というよりは個々の視点によって異なると感じるかもしれない。どのように研究を進めるかに関しては，次の段階が流動的に形作られる創発的なデザインとして進めるかもしれないし，あるいは仮説は敢えて変更しないとか，最初に測定すると決めた対象以外は含めないといった，固定的なデザインとして進めることになるかもしれない。この考え方は，研究に関して私たちが抱く方法論的前提について論じているのである。

　私たちが抱くこれらの信念は，どこから来るものなのだろうか。私たちは研究者として特定の信念をもつように社会化されてきたといえる。専門領域や分野の中で追求されてきた代表的な問題や，これらの問題を研究する上で用いる独特の方法，さらに学術的成果を発表するアプローチがある。したがって，研究に関する信念や価値は，学生として，そしてやがては研究者コミュニティに属する教員や学者として，社会化される中で芽生えていく。これが，かつて『科学革命の構造』（1962）の中でトーマス・クーンが最初に発表したパラダイムという考えを支える理論的根拠であった。

　初期の段階から混合研究法について執筆してきた研究者たちは，どのような哲学的信条がこの研究方法に基盤を与えるのかに関心をもっていた。しばしば

方法は哲学と関連付けられてきた。例えば，研究者が質的なフォーカスグループ・データを収集すると，それは複数の意味の理解を志向する構成主義的世界観とたびたび関連付けられた。測定尺度を用いてデータを収集した場合は，ポスト実証主義と関連の深い還元主義的視点を反映しているとされた（Creswell, 2013）。それでは，混合研究法において示されるような2つの異なる世界観の共存はどのように可能になるのだろうか。

　この問いに対する混合研究法を用いる研究者の答えは，量的・質的データ収集の両方を特徴付ける基盤となる哲学を1つ探せよというものである。ゆえに，混合研究法の一部の著者たちは**プラグマティズム**（言い換えれば，「1番役に立つもの」と実践）を哲学として支持する。その他にも批判的リアリズムを支持する者，さらに弁証法的多元主義を支持する者もいる。どれを選択するかは，研究者がこれらの異なる哲学にどの程度の知識があるかや，特定の混合研究法プロジェクトに共鳴しそうなものがどれかによって決まる。

　対となる問いとして，混合型研究のデザインにおいて世界観を明示すべきか，というものがある。健康科学においては，哲学が明示的に示されているものはあまり見かけない。その一方で，社会・行動科学においては，哲学が明示されているのをよく目にする。混合型研究の計画書に哲学が挿入される場合，これを説明し，読者が後で確認できるように豊富な文献情報を提供するのは研究者の責任である。さらに，研究者はどのように哲学が混合研究法プロジェクトを特徴付けるかを明確に述べる必要がある。

　哲学的前提とは対照的に，理論の使用は混合型研究において一般的である。研究者は，どの理論を使用し，それが混合型プロジェクトに具体的にどのような形で組み込まれるかを決定するための計画を立てる必要がある。量的研究の理論は，研究者が発見することを期待している事柄についての説明である。この理論は説明，予測，そして一般化に用いることができ，調査における研究設問や仮説に対し情報を提供する。質的研究の理論もまた説明になり得るが，研究プロセスの諸段階に情報を与えるレンズにもなり得る。

　社会，行動，健康科学の研究において理論は，拡散理論，リーダーシップ理論，または行動変容理論といった，社会科学から導かれたものであろう。これらの理論は文献の中にあり，理論を取り上げる学術雑誌論文や調査研究を注意

深く読むことで見つけることができる。これらの理論は多くの場合量的研究に情報を提供し，問いを決める上で役に立つ。質的研究においては，理論は研究の冒頭において提示されるか（例えば，文化変容のエスノグラフィ的理論），またはデータ収集を通して立ち現れるかもしれない（例えば，グラウンデッド・セオリーによる研究）。混合型研究においては，これらの理論を明示的に示し，詳述し，理論を打ち出した研究者を特定し，混合型研究の特定の段階（例えば，データ収集の量的な部分）に理論がどのように情報を与えるのかを示すことは有益である。

もう1つのタイプの理論は，変革，参加型，またはアドボカシーの理論である。例えば，混合型研究においては，理論的レンズがフェミニスト理論，社会経済的理論，障がい者理論，または人種や民族理論から導き出されたものがある。これらの理論的方向性は，混合型研究プロジェクトの多くの異なる段階を特徴づける重要なレンズとなる。健康科学でよく見られる理論（または視座）は地域参加型研究（community-based participatory research: CBPR）であり，ここではステークホルダーや地域住民が研究の多くの段階において主体的な参加者となり，問題の特定，研究設問のデザイン，データ収集と分析，そして研究結果の公表を支援する。今日，社会科学や参加型タイプの理論によって特徴付けられていない混合型研究を見つけるのは難しい。

❖ 混合研究法を定義する

ここで，あなたの混合型研究のデザインが具体的な領域まで掘り下げられる。これらの領域の1つが混合研究法の定義である。学術雑誌論文や研究計画書では，方法の議論の冒頭で著者が自身の使用する方法論を定義する（例えば，ランダム化比較試験，準実験，エスノグラフィ）。混合研究法はあなたが選択する方法論なので，混合研究法の計画を定義する必要がある。

この定義においては，以下について述べる必要がある（混合研究法の主要な特徴については第1章を参照）。

混合研究法は……

- 社会，行動，健康科学において調査研究を実施するための方法論である。
- 研究設問に答えるために，量的・質的データの両方を収集・分析することを伴う。
- 2つのデータ源を組合せたり結合したり，連結したり（例えば，質が量に続く），または埋め込む（例えば，実験の中に質的データを含める）。
- これらの手続きを研究実施のためのデザインや計画に組み込むのだが，研究にはしばしば哲学的前提または理論によって枠組みが与えられる。

ダイアグラム，手順，デザインの選択 ❖

　調査を実施する過程でデザインは変わるかもしれないが，用いるであろうデザインを特定し，他の人（例えば，論文審査委員会のメンバー，学術集会のオーディエンス，研究計画書の査読者）と共有するために，そのデザインのダイアグラム（略図）を描くことは有益である。

　この段階では，まず基本的なデザインについて検討することが重要である（基本型デザインは，第4章で取り上げる収斂デザイン，説明的順次デザイン，そして探索的順次デザインであることを思い出してほしい）。参考になるリソースとしては *Designing and Conducting Mixed Methods Research*（Creswell & Plano Clark, 2011）があり，それぞれのデザインで描くことのできるダイアグラムの種類を例示している。

　オフィス訪問の間，基本的なデザインの絵を描き，そのデザインを使用する目的を述べるよう私はあなたに求めるだろう。私はまた，研究デザインについて話をする際に用いられる基本的な表記記号の一部を確認するだろう。そしてあなたは，そのデザインを使用する目的を極めて簡潔に私に説明するかもしれない。

例1. 説明的順次デザインの場合
量的結果を説明するために，量的研究が質的研究に先行する

次に，あなたの基本型デザインを，シンプルでわかりやすいダイアグラムに

描く必要がある。後で，各段階において実現したい具体的な「手続き」や「成果」といった詳細を付け加えることもできる。さらに私は，デザインを実施する上でのステップ（第5章参照）をあなたにリストアップしてもらうだろう。一度基本的なデザインを描いたら，実験（または介入試験），プロジェクトの全段階を特徴付ける理論的枠組み，または評価研究の観点といった，中心となる特徴を研究に加えたいのかを検討してほしい。これらの追加はダイアグラムに描かれる必要があり，それが最終的には応用型デザインとなる。最後に，デザインのダイアグラムにどのように時系列，適切なタイトル，記号，または第5章で紹介するその他の特徴を加えることができるかについて私は話をするだろう。

❖ 潜在的な方法論的課題と妥当性への脅威

　質的・量的研究を実施する研究者が研究の妥当性を危険にさらす要因について指摘する必要があるように，混合研究法を使用する研究者も混合型研究を実施する上で特有の脅威について検討する必要がある。この時点では，あなたが選ぶデザインに基づく脅威（Creswell, 2015）を検討してほしい（デザインについての詳細は第4章を参照）。収斂デザインを使用するのであれば，質的な中心現象が量的な変数または構成概念と対応するものであるのかを検討しよう。このデザインにおけるその他の脅威は，質的・量的データに同一または異なるサンプルサイズを用いるのか，同等の分析単位を用いるのか（つまり，個人なのか集団なのか），どのように2つの分析結果を統合するのか，そしてどのように未収斂の結果を説明するのかについての決定によって生じる可能性がある。説明的順次デザインにもその他の脅威が生じる可能性がある。この場合，次の決定をすることを勧める。それらは，どのような質的研究結果をフォローアップする必要があるか，どのようにフォローアップ調査に参加するサンプルを選択するか，どのように関連性のあるインタビュー質問を作成するか，そして質的データが量的調査結果を真に説明するものであるかをどのように保証するかである。最後に，探索的順次デザインを使用するのであれば，質的段階から量的段階への積み上げの際に生じる問題に焦点を絞ることになるだろう。例えば

測定尺度を開発する際には，質的調査結果を質問項目や下位尺度に変換し，信頼性や妥当性の根拠を精査するといった優れた心理測定の手続きを用いる必要がある。これらの脅威は研究を計画する上で重要な部分となることに留意してほしい。

混合型研究の狙いや目的 ❖

次に，研究の狙い，つまり研究が掲げる目的を定めるパラグラフを書く必要がある。このパラグラフには，研究中にあなたが達成したい事柄，使用するデザインのタイプとその簡潔な定義，使用する量的・質的データ収集と分析の方法，および混合研究法を用いる根拠が含まれていなければならない。あなたの研究において用いられるデザインのタイプを反映するように，この研究の狙いまたは目的を練り上げる必要がある。

量的，質的，および混合型研究の問い ❖

研究目的を携えて，今度は研究設問を練る番である。あなたは3つのタイプの問いを立てることになる。つまり，量的な問いまたは仮説，質的な問い，そして混合型の問いである。ここでは，それぞれのタイプの問いを書くための基礎を復習することが求められるだろう（第6章参照）。特にこの段階では，混合型研究の問いを作成する方法，さらに，混合研究法デザインの使用によって期待される結果を反映するように問いを記述する方法を学ぶことが必要である。

手順を整理し直す ❖

研究実施における最終段階は，優れた研究計画やプロポーザルによく見られるような論理的な順序に要素を並べ替えることである。これらの要素は，順番に以下のとおりとなる。

1. 草稿のタイトル

2. 研究の必要性を導く問題
3. 研究に用いられる世界観および（または）理論
4. 目的または研究の狙い
5. 研究設問
6. 混合研究法を用いる根拠
7. 混合研究法の定義
8. 量的・質的データの収集および分析のタイプ
9. 用いられる混合研究法デザインと手続きダイアグラム

❖ 本章のまとめ

　本章では，混合型研究を計画する人に通常私がアドバイスする手順を紹介した。研究の進展に任せてしまうのではなく，事前に計画をすることが大切であると私は強く確信している。また私は，初期段階で計画された手順がプロジェクトの完成過程において変更可能であることと，ここで紹介されている手順が決定的で不変的な指針ではないということもわかっている。私は，哲学や理論といったより抽象的なアイデアよりも，タイトル，問題，中心となる目的，そしてデータ収集といった簡単な手順から始めた。混合研究法を用いる理由を盛り込み，定義も示した。次に使用するデザインのタイプに焦点を当て，手続きのダイアグラムをあなたに作成してもらった。最後に，この情報を整理した上で，研究の狙いや目的と，具体的な量的，質的，混合型研究の研究設問を書いてもらった。これらの手順を，研究プロセスにおいて頻繁に見られる論理を示すために組み直し，記載されなかった追加要素（例えば，倫理的問題，研究の実践的意義，潜在的な限界など）を加えることもできる。いずれにせよ，ここで説明した手順は，厳密で洗練された混合型研究をデザインするための出発点となろう。

さらに詳しく学びたい人のために ❖

Creswell, J. W. (2015). Revisiting mixed methods and advancing scientific practices. In S. N. Hesse-Biber & R. B. Johnson (Eds.), *Oxford handbook of mixed and multiple research methods*. Oxford, UK: Oxford University Press.

Creswell, J. W., Fetters, M. D., Plano Clark, V. L., & Morales, A. (2009). Mixed methods intervention trials. In S. Andrew & E. J. Halcomb (Eds.), *Mixed methods research for nursing and the health sciences* (pp. 161-180). Oxford, UK: Wiley.

Creswell, J. W., & Zhang, W. (2009). The application of mixed methods designs to trauma research. *Journal of Traumatic Stress, 22*, 612-621. doi: 10.1002/jts.20479

Ivankova, N. V., & Stick, S. L. (2007). Students' persistence in a distributed doctoral program in educational leadership in higher education: A mixed methods study. *Research in Higher Education, 48*, 93-135. doi: 10.1007/s11162-006-9025-4

Kuhn, T. S. (1962). *The structure of scientific revolutions*. Chicago, IL: University of Chicago Press.

Wittink, M. N., Barg, F. K., & Gallo, J. J. (2006). Unwritten rules of talking to doctors about depression: Integrating qualitative and quantitative methods. *Annals of Family Medicine, 4*, 302-309. doi: 10.1370/afm.558

第3章
混合研究法の実践に必要なスキル

❖ 本章で取り上げるトピック ❖

- 混合型研究における厳密性
- チームによる混合型研究
- 混合研究法に必要な研究デザイン，量的スキル，そして質的スキル

混合型研究を実施する上での要件 ❖

　ここまでの議論で混合研究法の主な特性を紹介した際に，厳密な量的・質的方法を使用するという要素をその中に含めた。これらの方法を実践する際に要求されるのは，技術的なトレーニングと，何が「厳密性」を構成するのかに対する認識である。本章では，混合研究法を用いる調査者に必要とされるスキルと，混合型研究に必要な量的・質的研究の厳密な方法について具体的に扱う。どちらの形態の研究にも精通していない読者のために，本章ではこれらの方法に関する手短な講義を平易なことばを用いて行う。

　混合研究法を用いる者は，時折，量的と質的の両方の形態のデータを収集し分析することから，混合型研究の中ではこれら2つの構成要素のどちらか一方またはその両方を簡略化する必要があると感じる。しかしながら，優れた混合型研究はどちらの構成要素も綿密な手続きによって成り立っている。つまり，研究者が量的・質的研究の両方のスキルまたは少なくともそれぞれに関連する方法を知っていることが求められるということである。

　あるいは，多様な方法論的スキルを有する者から成る学術的チームに所属す

ることも可能であろう。ある医師がワークショップで私に,「混合研究法を用いるためには,最低限何を知っている必要があるか」と尋ねてきた。私は,量的・質的研究両方のデータ収集およびデータ分析について知識があるか,この領域のスキルをもった人々のチームに参加するかのどちらかが必要であると答えた。よく耳にする別の質問は,「混合研究法を用いるためにはどのレベルの教育が必要か」というものである。これもまた良い質問である。量的・質的研究の両方のデータ収集と分析は研究に関する最新の知識のみならず,この形式による調査の実施を可能にする一連のスキルも求められる。混合研究法は博士号を有する者に向いており,そのことが修士または学士のみを有する人々を除外してしまうかもしれない。少なくとも,暫くの間私はそのように考えていた。しかし,南アフリカの大学において学部生による最優秀研究の審査を行った際に,5名のファイナリストのうちの3名が,私なら混合研究法と呼ぶであろうアプローチを用いていた。これらの3つのプロジェクトで学部生たちは,量的および質的データの収集・分析を行っていた。しかしながら,綿密な混合型研究プロジェクトのアプローチに一貫して見られる,2つのデータベースの完全な統合は欠落しているように見受けられた。

> 混合研究法は,研究者が量的および質的研究の両方のスキルを身につけていることを要求する。

混合型研究を実施する上で求められる一連のスキルについて尋ねられた時は,ネブラスカ大学リンカーン校の大学院プログラムで使用していた一般的な履修の順序に私はしばしば言及している。大学院生たちは,私の混合研究法の授業を,統計学と量的研究デザイン(例えば,実験研究デザイン)と,1つか2つの質的研究のクラスを完了してから履修する。混合型研究を進めたいのであれば,量的・質的研究両方のスキルが必要となると私は言っている。

❖ 混合研究法チーム

残念ながら,ほとんどの人には包括的な一連のスキルを身につける余裕はな

い。したがって，混合型研究を実施する研究チームに属することになる。実際，学際的な研究が存在感を増しており，学術界には混合研究法を用いるチームの数が増えつつある。これらのチームはしばしば，異なる方法論的アプローチ（量的 vs. 質的スキル）をもったメンバーから構成されている。混合型研究のスキルをもったチームのメンバーはこれら2つのグループの架け橋となり，考え方の違いが顕在化した際にその対話を促すことになるだろう。医療社会学者が生物統計学者の隣に座ったり，文化人類学者が測定の専門家とチームを組んだりするようなことがあるかもしれない。グローバルな研究環境においては，研究チームのメンバーたちが研究のテーブルに自身のローカルな文化的規範を持ち込むことによって，チームの参加者における多様性がより一層顕著になるだろう。

それから，どのようにチームメンバーは対話すべきか，という問いがある。学術的チームが課題に取り組む際，彼ら自身が抱く多領域の視点（自身の領域と同様な視点），または学際的な視点（多分野の領域を横断した視点）から関わろうとするだろう（O'Cathain, Murphy, & Nicholl, 2008a を参照）。これらの方法論的な違いを重ね合わせることは，チームで研究を実施する際に，一人ひとりが学問分野の境界を越えるのか，はたまた自身のフィールドがもつ視点の中に留まろうとするのかの程度ということになるだろう。O'Cathain ら（2008a, p.1579）は，表 3.1 に示すようなチーム構成の可能性を提案している。

現在の著作の中では，混合型研究チームが成功するためには，研究支援，広範な専門性をもつメンバー，多分野的もしくは学際的な相互作用，多様な方法

表 3.1 混合型研究チームにおけるメンバーの異分野構成

チーム A. 量的研究をリードする主任研究者（医療）；質的部分をリードすると同時に量的部分の一部を担当する社会学者；統計専門家；およびプロジェクト研究員
チーム B. 質的研究と量的研究をリードする主任研究者（社会科学）；臨床医；心理学者；統計専門家；および2名のプロジェクト研究員
チーム C. 主任研究者（臨床）が質的・量的部分を2名のプロジェクト研究員と共にリードする

出典：O'Cathain, Murphy, Nicholl（2008, p. 1579）. SAGE 出版の許可を得て転載。

論的アプローチに対する敬意，そして様々な専門分野と方法論的信念を架橋する有能なリーダーが必要であるといわれている。このリーダーは，チームの構成に心を配り，多様な方法論を同等に扱い，対話を形作る手助けをし，すべてのチームメンバーを重視し意思決定に巻き込んでいく（Brannen & Moss, 2012）。このリーダーはまた，共通するビジョンを構築し，協働の歴史を作り上げる。加えて，混合型研究プロジェクトのチームリーダーは，理想的には量的研究，質的研究，そして混合型研究の経験を有している。

❖ 研究における個人のスキル

混合研究法を用いる者にとっては，研究をデザインするプロセスにおける活動の流れについて一般的な理解をもつことが不可欠となる。このプロセスは研究が量的，質的，混合型研究のいずれにおいても当てはまることである。プロセスは以下のように簡潔に表すことができる。

- 取り組むべき研究問題または課題を特定する。
- 研究の必要性を明確にするために，問題に関する先行研究をレビューする。
- 研究の目的または狙いと，達成するべき主要な目標を示し，研究が進む中でその答えを得ることとなる特定の研究設問（または仮説）にこの目的または狙いを絞り込む。
- 研究を実施するための研究デザインまたは研究実施における手続きの計画を決める。
- 厳密な手続きによって情報を収集することで，研究設問に答えるためのデータを収集する。
- 研究設問に対しどのような解が得られるかを評価するために，収集したデータを分析する。
- 先行研究や理論を踏まえつつ，調査結果を解釈する。
- 異なるオーディエンスに対し研究結果を公表する。
- 研究の全段階（特にデータ収集から結果の公表までの段階）において，倫理的問題に留意する。

これは研究法に関するすべての自著の中で私が記してきたプロセスである。量的・質的研究の両方に当てはまるものだが，2つのアプローチの違いは上述したプロセスの一般的な構造にあるのではなく，実際の調査研究においてプロセスのそれぞれの部分がどのように展開するのかにある。

量的研究のスキル ❖

次に，このプロセスがどのように最初に量的研究において，そして次に質的研究において展開するのかを検討することが役立つだろう。量的研究とは調査者が以下のことを行う研究アプローチのことである。

- 研究設問や仮説の設定を導く理論を特定する。
- これらの研究設問や仮説を変数や構成概念の枠組みにおいて表し，それらの関係を特定するために，独立変数，共変量変数，媒介変数，そして従属変数として配置する。
- 実験研究（およびその変形），質問紙調査研究，単一被験者研究，または相関研究（Creswell, 2012 参照）といった一般的に認められたデザインに基づき，研究手続きのためのデザインを決定する。デザインは，健康科学で典型的に用いられるもので，観察的または説明的研究（例えば，記述的または症例集積研究，コーホート研究，症例対照研究，過去の治療成績との比較検討，横断的研究）や，被験者に対する介入効果を評価する実験デザイン（例えば，メタアナリシス，ランダム化比較試験，システマティック・レビュー，自己制御による試験，クロスオーバー試験，非ランダム化試験）にもなり得る。
- 数量データを，尺度やチェックリストのような閉鎖型の測定基準を用いて収集したり，学校の出席簿や患者の受診履歴のような既存の報告書または文書資料から収集する。
- 記述統計，推測統計，効果量，そして信頼区間といった結果を表や図に示すことで，数量データを統計的に分析する。データ分析を支援する統計分析ソフトウェアを使用する。

- 序論，先行研究の概観，方法の記述，結果の記述，そして考察を含み，報告書間で共通した，かなり標準化された形式で研究を報告する。
- 一般化可能性，バイアス，妥当性，信頼性，再現性といったトピックを含めることで，確実に質の高い報告書に仕上げる。

もちろん，これは量的研究を実施する上でのステップの大まかなイメージに過ぎない。より具体的なガイドラインもあり，例えば実験的介入試験であれば，医学雑誌 *Annals of Internal Medicine* の報告書 CONSORT 2010 に従うといえよう (Schulz, Altman, & Moher, 2010)。さらに，量的プロジェクトにおける方法の議論を完全なものにするためのチェックリストを私は作成した (混合研究法が研究における方法に照準を合わせることを思い出してほしい)。このチェックリストについては表3.2を参照されたい。

表3.2　厳密な量的方法の議論のためのチェックリスト

全体：
- ☐ 研究課題（例：アウトカムに影響を与える要因への関心，グループ比較，理論検証）を調査する上でなぜ量的研究が適しているのか，その根拠を示す。
- ☐ 用いられる量的研究デザイン（例：実験研究，準実験研究，単一被験者研究，相関研究，質問紙調査研究）のタイプを記述する。
- ☐ 課題に取り組む上でなぜ選択したデザインが適切であるかを説明する。
- ☐ デザインの使用に関連する，特定の妥当性への脅威を示す。

量的データ収集：
- ☐ 調査を実施する場を特定する。
- ☐ 得られた承認（機関内倫理委員会の承認を含む）を確認する。
- ☐ 研究参加者をどのように募るかを示す。
- ☐ 研究参加者の人数を特定する。
- ☐ 収集する異なるタイプのデータ（例：測定尺度データ，観察データ，公的な数量データ）を示す。
- ☐ それぞれのタイプのデータについて，付加的な情報（例：使用する測定尺度の信頼性・妥当性スコア，観察データに用いられる信頼性戦略，公的情報の信頼性，標準手続きの使用，データ収集者に対するトレーニング）を確認する。

量的データ分析：
☐ 量的データベースを作成するためのデータ入力の手順に触れる。
☐ データベースのクリーニングに使用される手順を見直す。
☐ 用いる量的分析ソフトウェアを示す。
☐ 回答率（例：回答率，回答バイアス）をチェックするために使用される分析のタイプを示す。
☐ 記述的研究設問/仮説に取り組むために用いられる記述統計分析のタイプを特定する。
☐ 関連や比較の研究設問/仮説に取り組むために用いられる推測統計分析のタイプを特定する。
☐ 効果量や信頼区間をチェックするために用いられる手続きを特定する。
☐ 統計分析の結果を示すために用いられる表のタイプについて検討する。

　このチェックリストは，混合型研究プロジェクトにおいて厳密な量的研究の部分を実施する人にアドバイスを提供するものである。データ収集と分析に焦点を当て，量的研究法で一般的に使用される手続きを説明する教科書を補強するものとなっている。

質的研究のスキル ❖

　質的研究は上で特定した研究プロセスを経て実施されるが，研究の多くの部分においてその手続きは量的研究とは異なる。2つの研究形態を簡単に比較することができるように，量的研究を説明する際に使用したトピックに関連付けてこの議論を行う。質的研究は，以下の特徴をもつ。

- 調査者は研究設問を導く理論からスタートするかもしれないが，この理論は固定されるというよりは研究の最中に修正される。重要なのは，参加者から調査者が学んだことをもとに研究を発展させ，変化させることである。
- 調査参加者から最善の学びを得るために，調査者は大まかな開放型の質問を使用し，研究に参加する個々人が制限なく情報の提供ができるようにす

る。変数や構成概念の使用は研究を制限する。そのため，独立変数，従属変数，媒介変数，そしてその他様々な種類の変数は質的研究においては使用されない。その代わりに，調査者は主要なトピック——中心的現象と呼ばれる——を特定し，それを研究参加者への開放型の質問により探索する。例えば，中心的現象が「沈黙を守る」である場合，研究者はこの用語がビジネス組織に所属する研究参加者にとってどのような意味をもつかを探究するかもしれない。

- 質的研究で用いられるデザインのタイプは量的研究で用いられるものとは異なる。実験研究のようなアプローチではなく，質的研究のデザインは社会学，心理学，人文学のような分野から生まれたものである。質的研究デザインは実験研究や質問紙調査研究といった呼び方はされないが，それぞれのデザインがもつ名称は研究の進め方を反映している。例えば，ナラティブな質的デザインでは，私たちは個人の人生に関するストーリーを学ぶ。現象学的質的デザインでは，孤独のような同一の概念を異なる人々がどのように経験しているのかを探究する。グラウンデッド・セオリーでは，異なる場所の異なるサンプルから生成された既成の理論からではなく，研究参加者の視点に基づき理論を生成する。事例研究型質的研究では，一事例または複数の事例から特定の問題に人々がどのように取り組んでいるかを探究する。エスノグラフィックな質的研究では，共通の文化を共有する集団の人々の話し方や振る舞い方のパタンや，彼らの行動を支配するルールがどのように生み出されているかを知る（Creswell, 2013を参照）。質的研究のこれら5つのデザインは，考え得るすべてのデザインを網羅しているわけではないが，質的研究において一般的に用いられるアプローチを代表するものである。

- 数量データを収集するのではなく，テキスト（例えば，文字起こしされた音声記録）や画像（例えば，カメラで撮影された写真）を収集する。実際，質的研究の特徴は，収集されたデータ形式の幅広さであり，そこには特にテキストメッセージやウェブサイトに代表されるデジタル時代の一部となりつつあるデータ形式が含まれる。収集されたデータの種類にかかわらず，尺度やチェックリストの使用が強制されることはない。その代わりに，研

究参加者は共有すべき情報に関して率直に尋ねられ，その情報が記録される。
- そして，分析は，最初はコードに，次にそれらのコードをまとめてテーマにと，テキストの一節や画像を1つ1つまとまりのあるデータの単位に作り上げることによって進む。テーマはしばしば，肝臓移植を待つことに適応していく個人のプロセスといった，事象のクロノロジー（年代記）を生成するために関連付けられる（Brown, Sorrell, McClaren, & Creswell, 2006 を参照）。また，MAXQDA（Verbi GmbH, 2013）のような質的データ分析ソフトウェアが，研究者がデータを整理・分類し，有益な引用をとらえるために使用される。
- 質的研究には非常に多くのデザインがあるため，報告書のフォーマットは異なる研究間でかなりの差がある。最終報告書は，ナラティブデザインで使用されるようなストーリーの語りから，グラウンデッド・セオリーで用いられるようなより科学的アプローチまで，多岐にわたる。
- 質的研究者は研究参加者の視点を包含し，トピックまたは中心的現象を調査する上で関わってくるすべての要因について複雑な分析を行い，最終報告書が研究参加者の視点を綿密に反映したものであることを確実にする（妥当性）。そして，研究の結果として提示されるコードやテーマを支える十分な根拠を盛り込む。これらの要素以外にも，エスノグラフィーや現象学といった特定のデザインを使用する際に期待される具体的な規準がある。

質的研究者は一般的に，優れた質的研究の方法が有する規準やチェックリストを掲げることに消極的である。というのは，それが創発的で創造的な研究に制約を与えると考えるからである。しかしながら，研究を実施する上で質的研究者が一定の手続きに従うことを念頭に置いていることは，すべての研究者が認識しているところである。そこで，質的研究のセクションを完全なものにするであろう，この研究アプローチの特徴をチェックリストにまとめてみた。私の質的研究チェックリストは，量的研究チェックリストのようにデザインとデータ収集と分析の方法の要素を含んでいる（表3.3を参照）。

表 3.3　綿密な質的方法の議論のためのチェックリスト

全体：
- ☐ 質的研究が研究課題（例：研究参加者の視点，コンテキスト，複雑な理解，既知の変数の欠如，声をとらえること）を探究する上でなぜ適しているのか，その根拠を提示する。
- ☐ 使用する質的研究デザイン（例：ナラティブ研究，現象学，グラウンデッド・セオリー，エスノグラフィー，事例研究）のタイプを記述する。
- ☐ 問題に取り組む上で当該デザインが適している理由を説明する。

質的データ収集：
- ☐ 調査を実施するフィールドについて述べる。
- ☐ 得られた承認（機関内倫理委員会の承認を含む）を確認する。
- ☐ 研究参加者をどのように募るかを示す。
- ☐ 研究参加者の人数を示す。
- ☐ 使用する合目的的サンプリングのタイプを説明する（選定基準）。
- ☐ 研究参加者の属性を示す。
- ☐ 研究参加者がどのような利益を研究から得るのかを示す（互酬性）。
- ☐ 収集されるデータのタイプを示す（データ収集の表を作成するとよい？）。
- ☐ データ収集の範囲を示す。
- ☐ データを記録するための手続き（インタビュー，観察，録音）に言及する。
- ☐ 研究において尋ねる質問を記載する（インタビューを実施する場合）。

データ分析：
- ☐ データ（逐語録）の準備について述べる。
- ☐ データ分析の大まかな手順（通読，メモ書き，データのコード化，記述，テーマの生成，テーマの関連付け）を示す。
- ☐ 研究を実施するために選択されたアプローチに含まれる具体的な手順（例：グラウンデッド・セオリーにおけるオープンコード化，軸足コード化，選択的コード化）を示す。
- ☐ データ分析を支援する質的データ分析ソフトウェアの利用について述べる（例：MAXQDA）。
- ☐ 複数のコーダーの利用（すなわち，コーダー間の合意）について，当該研究において利用があったのか，示された合意率がどのようなプロセスにより得られたのかについて論じる。
- ☐ 妥当性戦略（例：メンバーチェック，トライアンギュレーション，反証事例の検討，同僚監査，外部監査，フィールドへの没入）について論じる。
- ☐ 再帰性（いかにして研究者の経験と役割が結果の解釈に影響を与えるか）について論じる。

質的研究法のセクションを執筆するためのこれらのやや具体的なアドバイスを超えて，質的研究が社会および行動科学において受容されるようになってきたこと，そして健康科学においても広く使用されるようになってきたことについても触れるべきであろう。健康科学においては，医療従事者と患者の相互作用がより強調されるようになってきており，治療方法に関する患者自身の選択についても理解を深めてきている。また，必要とされる医療サービスを判断し，多様な患者層に手を差し伸べ，病院やクリニックを組織環境として研究するようになるにつれ，個人化医療への関心が高まり，必要とされる医療サービスを評価する際に，より人間的な要素を生物学的視点に含めるようになってきている。

本章のまとめ ❖

　これまで私が採ってきた立場は，混合研究法を用いる研究者が量的，質的，そして混合型研究において熟練したスキルを身につけることを強く奨励するというものである。混合研究法チームとしてこれらのスキルをもつことは，優れた混合型研究プロジェクトを展開することを容易にする。チームの協働はチーム内の優れた相互作用の現れであり，そこでは多様な研究スキルをもったリーダーのガイダンスのもとに，異なる方法論的アプローチをメンバー一人ひとりが開かれた心をもって共有することが求められる。混合型研究プロジェクトに単独で取り組む人もチームで取り組む人も，研究プロセスの基礎を理解する必要がある。量的・質的両研究の主要な要素は修得されねばならず，各形態のデータ収集およびデータ分析を示した方法のセクションをどのように執筆するかについての詳細も修得されねばならない。このようにして，堅固な量的・質的方法をもつ厳密な混合研究法のセクションを構成することが可能となる。

❖ さらに詳しく学びたい人のために

Brown, J., Sorrell, J. H., McClaren, J., & Creswell, J. W. (2006). Waiting for a liver transplant. *Qualitative Health Research, 16*, 119-136. doi: 10.1177/1049732305284011

Creswell, J. W. (2013). *Qualitative inquiry and research design: Choosing among five approaches* (3rd ed.). Thousand Oaks, CA: SAGE.

O'Cathain, A., Murphy, E., & Nicholl, J. (2008a). Multidisciplinary, interdisciplinary, or dysfunctional? Team working in mixed-methods research. *Qualitative Health Research, 18*, 1574-1585.

Shadish, W. R., Cook, T. D., & Campbell, D. T. (2002). *Experimental and quasi-experimental designs for generalized causal inference*. Boston, MA: Houghton Mifflin.

VERBI GmbH. (2013). MAXQDA [Computer software]. Retrieved from www.maxqda.com/

第4章
混合研究法の基本型と応用型デザイン

❖ 本章で取り上げるトピック ❖

- 3つの基本型デザインと3つの応用型デザイン
- 6つのデザインのそれぞれがもつ，目的，手続き，ダイアグラム，そしてデザインを使用する上での長所と課題
- 研究のデザインを選択する上で役立つ規準

❖ 準備段階で考慮すべき事柄 ❖

　デザインを決定する前に，混合研究法の分野における研究デザインの一般的状況を検討することが有益である。選択可能なたくさんのデザインがあり，その名称や類型はここ数年で急増している。概して，混合研究法を用いる研究者がその名称や手続きにおいて複雑過ぎるデザインを開発してきたと私は感じている。シンプルなデザインから開始し，それを用いて何を達成しようとしているのかを理解することは常に有益である。もう1つの考慮すべき事柄は，最初に概念化した段階からデザインが変化する可能性を認識することである。研究助成団体がデザインの修正を要求してくることもあろうし，資金，スタッフ，または研究参加者の優先順位の変化によってもデザインを修正することを余儀なくされるかもしれない。デザインは研究において創発的であり，最初から完全に固定されたものではないと考えるほうがよい。最後に，デザインの基本型から始め，それを用いる理由を明確に認識し，そしてデザインのダイアグラム（略図）を描くことが重要である。ここでは，2つの一般的なデザインのカテゴ

リーについて論じる。それらは，基本型デザインと応用型デザインである。

❖ 基本型デザイン

　基本型デザイン（basic designs）は，すべての混合型研究の基礎となる中核的なデザインである。それらは，収斂デザイン，説明的順次デザイン，そして探索的順次デザインの3つの類型に分類される。第1章と第2章で私は，これら3つのデザインについて紹介した。出版されている混合型研究の多くは，これら3つのデザインのうちの1つを使用している。出版された混合型研究を読む際に，まずは著者によって使用された基本型デザインが何であるかを探すように私は常に言っている。著者はそのデザインが何であるかをシンプルで直接的な方法で伝えていないかもしれないが，それでも基本型デザインは存在し，混合型研究の中心となっている。実際，どのようなデザインが使用されていたとしても，それは，混合型研究全体の枠組みとなるのである。したがって，用いるデザインが何であるかを知ることは，プロジェクトのタイトルを草案し，混合型研究設問を設定し，データ収集と分析を計画し，混合型研究の解釈と執筆を促すことを可能にする。

混合研究法デザインの基本型
・収斂デザイン
・説明的順次デザイン
・探索的順次デザイン

収斂デザイン

　収斂デザインの目的は，量的研究と質的研究の分析結果を結合することである。この結合が，量的および質的手法の両方によって描いた問題のあり様を提供する。そして，2つの形態のデータは異なる洞察を提供するため，これらの組み合わせが問題を複数の角度や複数の視点からとらえることに貢献する。要するに量的結果は，しばしば必要とされる一般的な傾向と関係を明らかにし，

その一方で質的結果は人々のもつ深く個人的な視点を提供するのである。両方が有益な結果であり，これらの組み合わせがデータの量を増やすだけでなく，単一のデータベースのみを用いた時に得られるであろう理解に比べ，より完全な理解を提供する。これが収斂デザインの背景にあるロジックである。したがって，このデザインを使用することによって，混合研究法を用いる研究者は複数の視点を得ることができたり，1つのデータベースの妥当性をもう一方のデータベースによって実証することができる。

> **収斂デザイン（convergent design）**では，量的および質的データの収集と分析を別々に実施する。その目的は，量的・質的データ分析の結果を結合することである。

このデザインを用いる手続きは複雑ではない。

1. 量的データと質的データを別々に収集・分析することで始める。
2. 2つのデータベースを1つに結合またはまとめる。これには複数の方法がある。それぞれのデータベースの分析結果が出た後，それらを**考察**のセクションで並置し，それぞれのデータベースから導出された解釈または推論を1つにまとめることができる。例えば，量的結果を最初に報告し，その後に質的結果を報告する。その後，続く考察において2つのデータベースから得た分析結果を並置し，**比較する**（対照比較［side-by-side comparison］と呼ばれる）。もう1つのアプローチは**データ変換**（data transformation）であり，これは，量的・質的データベースを比較しやすくするために，1つのデータベースをもう一方のデータベースの形態に変換することである。例えば，質的データから出現する様々なテーマの頻度を数値化し，これらの数値を新たな変数として量的データベースに投入するという方法である。

　3つ目の方法は，表やグラフを用いて量的結果を質的結果に対照的に配置する**ジョイントディスプレイ**（joint display）を作成することである。第7章では，これらのディスプレイの作成と使用についてより詳細に説明す

る。

3. 研究結果を合体させた後は，どの程度量的研究結果が質的研究結果によって確証されているか（またはその逆）を検討する。もし，結果に齟齬があったのであれば，なぜそのような違いが見られるのかを説明する（例えば，量的測定方法の妥当性の欠如，データ比較を可能にする類似する質問の欠如）。

収斂デザインは，フィールドにいる間に2つの形態のデータを収集する必要のある研究者にとって有益である。2つの形態のデータが1つにまとめられるため，このデザインは直感的に理解できる。そして，研究者が1つの問題に関して複数の角度から多くのあり様を理解することを可能にする。しかしながら，このデザインを実施するにあたっては課題がある。1つの課題は，データを最終的に合体させるとしたら，調査者は量的および質的研究において同一の測定方法または評価規準を用いなければならないことである。この並行的な構造は重要であるにもかかわらず，しばしば見過ごされている。調査者はジョイントディスプレイの作成手順や対照比較の方法に精通している必要がある。どのように2つのデータベース（1つは数字，もう1つはテキストに基づくデータベース）を合体させるかは，多くの研究者にとって直感的に理解できるものではない。

図4.1は収斂デザインの簡単なダイアグラムである。この図は，研究で用いるデザインの手続きに関するダイアグラムを描く際に調査者がどこから始めるべきかを表している。2つの形態のデータが同時に収集されているため，私は

図4.1　収斂デザイン

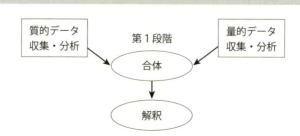

このデザインを単段階デザイン（a single-phase design）と呼んでいる。

説明的順次デザイン

　説明的順次デザインの目的は，最初に量的ストランド（**ストランド**（strand）とは，研究における量的または質的構成要素のことを指す）から開始し，量的データ収集および分析を実施した上で，次に量的研究結果を説明するための質的研究を実施するというものである。量的結果からは統計的有意性，信頼区間，効果量が明らかにされ，研究の大まかな結果を提供する。しかしながら，このような結果を得ても，私たちはしばしば，どのようにしてこれらの結果が生起したのかはわからない。したがって，量的研究結果の説明の助けとなる質的研究を実施するのである。よって，これ以降，このデザインを説明的順次デザインと呼ぶ。

> **説明的順次デザイン（explanatory sequential design）**の目的は，量的ストランドから始め，次にその結果を説明するための質的ストランドを実施することである。

このデザインは，次の手続きに従って実施すること。

1. 第 1 段階において，量的データを収集・分析する。
2. 量的分析結果を検討し，(a) 第 2 段階の質的研究において量的研究のどの結果を探究するのか，(b) 質的段階では研究参加者にどのような質問を尋ねるのか，を決定する。
3. 量的研究結果の説明に役立てるための質的データの収集・分析を第二段階で実施する。
4. 量的研究結果の説明においてどのように質的研究結果が役立つかの推論を導出する。

　このデザインの強みは，2 つの調査段階が互いに積み重なっているため，明

図4.2 説明的順次デザイン

確に異なり,容易に識別できる複数の段階が存在することである。そのため,このデザインは,混合研究法を用いて間もない研究者や院生の間で好まれている。また,量的研究に強いバックグラウンドをもつ研究者の間でも人気がある。というのも,研究が量的段階から始まるからである。しかしながら,明確な区別のある2つの研究段階を順番に遂行することは時間がかかるため,実施は困難となる。また別の課題は,量的結果のどの部分にさらなる説明が必要であるかを決定することである。調査者には,特定の人口統計学的背景をもつ研究参加者のフォローアップを実施したり,重要な変数(または,意外にも統計的有意性が見いだせなかった変数)を説明するために調査を拡張したり,結果から得た外れ値のケースを精査したりといった選択肢がある。

図4.2は,2段階から成る説明的順次デザインの簡単なダイアグラムである。

探索的順次デザイン

探索的順次デザインの目的は,最初に質的データ収集および分析により問題を探索することである。この第1段階の後,第2段階では質的結果を基に測定指標や新たな測定尺度または新たな介入を開発する。この2つ目の量的段階の次に3つ目の量的段階が続き,そこでは前段階で開発された測定指標が適用されたり,新たな測定尺度の検証がなされたり,新たな介入とその活動が実験に使用されたりする。ご覧のように,3つ目の量的段階には様々な可能性がある。

> 探索的順次デザイン(exploratory sequential design)の目的は,最初に質的データ収集・分析によって課題を探索し,次に測定尺度や介入の開発を行い,第3段階において量的調査によるフォローアップを実施することで

ある。

このデザインを実施するにあたり，以下の手続きに従っていただきたい。

1. 質的データを収集・分析する
2. 質的分析の結果（例えば，抽出されたテーマ）を検討し，この情報を用いて新たな測定指標，測定尺度，または新たな介入活動といった量的な構成要素をデザインする。この新しい量的構成要素は，調査参加者の実際の経験に根ざしているため，既に利用可能なもの（例えば，既存の測定尺度）をさらに改善するというわけである。
3. 新たな量的構成要素を用いて検証を実施する。これは新たな測定指標を既存の量的データベースに組み込むことを意味する。それは，新しく開発された測定尺度の妥当性・信頼性を評価することを意味するかもしれない。さらに，臨床実験に新たな要素が導入され，それが介入の一部（または，新たな事前・事後測定）として使用されることを意味するかもしれない。
4. そして，最後のステップは，いかに新たな構成要素（例えば，測定指標，測定尺度，または介入活動）が，既存の一連の変数に改良を加えたり，より文脈に適した新たな測定尺度を提供したり，介入がより実行可能なものとなるような有益な活動を加えているかを報告することである。さらに，質的データは最初の段階において少ないサンプルより収集されたものであるため，第3段階における新たな量的検証は，初期段階の質的調査結果がより大きなサンプルに一般化し得るものであるかについて洞察を与えることが可能となる。

ご覧のように，このデザインには3つの主たるステップがある。初期の質的段階，第2の量的段階，そして第3の量的段階である。これを私は3段階デザインと呼んでいる。3つの段階を採ることによって，3つの基本型デザインの中では最も難易度の高いものとなっている。説明的順次デザインのように，このデザインもまた長い時間を要するものであるが，他の基本型デザイン以上にすべての段階を終えるのにより多くの時間がかかる。このデザインはまた，質

的調査結果を新たな変数，測定尺度，または一連の新たな介入活動に発展させる上での難しさを伴うため，実施が困難であるといえる。

これらのプロセスを促すために質的調査結果から何が得られるだろうか。質的調査結果は，個人より得る特定の語りの引用や，引用の寄り集めであるコードや，コードの寄り集めであるテーマを生み出す。このデザインを用いて新しい測定方法を開発する際には，テーマが測定指標または変数となるだろう。新しい測定尺度が必要なときには，語りの抜粋が質問項目に，コードが変数に，テーマが下位尺度になるだろう。新しい介入活動が質的調査段階の結果である時，これらの活動はコードとテーマの両方によって導かれるだろう。質的調査結果に基づく新しい測定尺度の開発や既存の測定尺度の修正を行う際の当該デザインのさらなる課題は，優れた計量心理学的特性をもった質の高い尺度を開発することである。優れた下位尺度の作成や測定尺度の開発のリソースは豊富である（例えば，DeVellis, 2012）。私もその手順について，独自のリストを作成した。

1. 先行研究調査を行う／専門家からアドバイスを得る
2. 考え得る項目を挙げてみる
3. 探索的因子分析を用いて，小さなサンプルに対しそれらの項目の予備テストを実施する
4. 測定尺度の信頼性分析を実施する
5. 大きなサンプルに対し質問紙調査を実施する
6. 確認的因子分析を用いて結果を分析する
7. 共分散構造分析を用いて潜在変数を特定する
8. 構成概念妥当性の根拠を探す

プラスの側面として，その厳密性によって，このデザインは洗練された混合研究法のデザインとなっている。さらに，第1段階が探索的であるため，発展途上国（およびグローバルヘルス）における混合型研究を実施する上で有益である。そのようなところでは，西側の研究から生まれた測定方法がほとんど適用できず，どのような測定方法が特定の状況において有効かを探る必要がある。

図4.3　探索的順次デザイン（原著者に確認の上，訳者が一部修正）

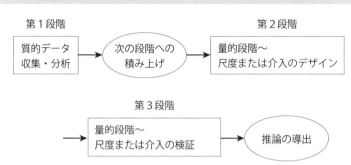

また，質的調査段階から始まるため，質的研究に慣れ親しんでいる研究者はこのデザインを好む。

図4.3には探索的順次デザインのダイアグラムが示されている。ご覧のように，このデザインは関連のある3つの段階から成り立っている。

応用型デザイン ❖

前述したように，混合研究法デザインについて最初に考えることは，プロジェクトにおいて基本型デザインは何であるかということである。この基本型デザインをもとに，その他のデザイン——これを私は応用型デザインと呼んでいる——へと作り上げていく。応用型デザインにおいては，基本型デザインに何かが加えられる。本章では混合研究法の文献において一般的である，3つの応用型デザインについて説明する。それらは，介入デザイン，社会的公正デザイン，そして多段階評価デザインである。これらの応用型デザインのそれぞれの中に，基本型デザインを見つけることができる。

応用型混合研究法デザイン（advanced mixed methods designs）
・介入デザイン
・社会的公正デザイン
・多段階評価デザイン

介入デザイン

　介入デザインの目的は，実験または介入試験を実施する中で質的データを加えることによって課題を探究することである。

　実験または介入試験は，複数のグループ（例えば，統制群と実験群）を特定し，実験群に対して施す処理を検証し，従属変数への効果を判断することから成る。統制群（処理を施されないグループ）においては，従属変数に関して変化は見られないはずである。この介入試験の事前および事後テストモデルの中に質的データを挿入することができる。この質的データは，複数の目的のために利用することができ，混合研究法を用いる研究者は質的データを実験開始前，実験実施中，または実験終了後に加えることを検討する（もちろん，リソースと介入試験の目的によっては，質的データをこの3つの段階のすべてにおいて実験に加えることが可能である）。例えば，実験開始前にインタビューを実施し，介入試験に参加者を募ったり，介入試験の参加者に影響を与える可能性の高い介入手続きをデザインすることを支援したりといった目的で，質的データが介入試験に加えられることが可能である。この場合，質的探索が介入試験**前**に実施されるため，研究者は探索的順次の基本型デザインを介入試験の中で使用していることになる。どのように調査参加者が介入活動を経験し，このような活動が介入試験に否定的または肯定的意味合いをもつのかを検討するために，実験**中**に質的データが加えられる。この場合，量的な介入試験が進行している中で同時に質的データが介入試験に入り込むので，研究者は収斂デザインを使用していることになる。または，従属変数を追究し，統計的結果のみが生み出せる以上の詳細な説明がなされるように，実験終了**後**，質的データを介入試験に加えることが可能となる。これは，説明的順次の基本型デザインを介入デザインの中で使用していることになる。

> 介入デザイン（intervention design）には基本型デザインのうちの1つが加えられる。このデザインの目的は，実験もしくは介入試験を実施し，そこに質的データを加えることによって課題を探究することである。

このデザインを実施する際には，以下の手続きに従うこと。

1. 実験や介入試験の中で質的データがどのように使用されるのかを，実験前（探索的順次），実験中（収斂），または実験後（説明的順次）に実施する基本型デザインによって決定する。
2. 実験を実施する。つまり，グループを統制群と実験群に割当て，事前・事後テストの測定指標を決め，そして処理に効果があるか否かを判断する。
3. 処理の効果を究明するために，質的データを分析する。
4. 質的結果がどのように実験結果の理解を高めたかを解明する。

　このデザインは，無作為割付，処理の適切な「投与量」，妥当性への脅威の統制といった厳密な実験の実施方法（Creswell, 2012 を参照）を研究者が理解している必要があるため，難易度が高い。また，研究プロセスの中でどこから質的データを集めるのか，さらにはデザインにおける複数のポイントにおいて質的データを収集すべきか否かを，研究者自身が判断しなければならない点においても難易度が高いといえる。質的データを実験中に収集する場合は，質的データ収集による侵入が必要以上に介入試験の結果に影響を与えぬよう，研究者のバイアスをしっかりと監視する必要がある。場合によっては，研究者は非顕現的データ（unobtrusive data：例えば，介入試験の**最中**に調査参加者が綴った日誌など）と呼ばれるデータを介入試験終了後に収集する。良い面としては，このデザインは厳密なものであり，ランダム化比較試験（RCT）が研究における究極の判断基準である健康科学においてよく使用されることである。多くの論文において，著者らは介入試験に対し批判的であるが，このデザインは実験結果をより信用可能なものにし，実験室の不自然な研究調査に人間的な要素を加える。

　混合研究法の介入デザインの手続きダイアグラムを描く方法はたくさんある。1つのシンプルな例としては，図 4.4 に示すような，実験前，実験中，実験後に付加的なデータを配置するものであろう。

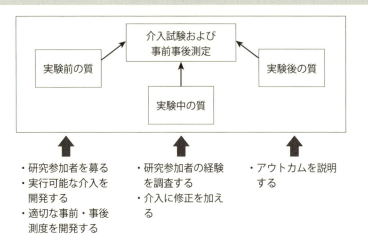

図4.4 介入デザイン

社会的公正デザイン

　社会的公正デザインの目的は，混合型研究の始めから終わりまでを貫く，社会正義の全体的な枠組みの中で課題を探究することである。混合型研究プロジェクトにおいて，いくつかの枠組みが可能となる。それらは，ジェンダーのレンズ（フェミニストまたはマスキュリン），人種または民族のレンズ，社会階級のレンズ，障がいのレンズ，ライフスタイルの志向レンズ，またはそれらのレンズのいずれかの組み合わせである。これらの混合型研究の核の部分は，基本型デザイン（収斂，説明的順次，または探索的順次）であるが，調査者は研究全体を通して社会正義のレンズを組み入れる。

　どのようにこのレンズを研究全体に行き渡らせるのだろうか。例えば，図4.5で示されるような，説明的順次の基本型デザインを用いた混合型研究がある。このデザインの多くのポイントにおいて挿入されているのはフェミニスト理論の側面である。この理論は，研究の開始部分において設定され，問われることとなる研究設問の種類に関して情報を与え，調査参加者のタイプ（女性）を特定し，データ収集と結果（テーマ）の報告の両方において影響力をもち，研究の終了部分においてアクション——変革——を求める。

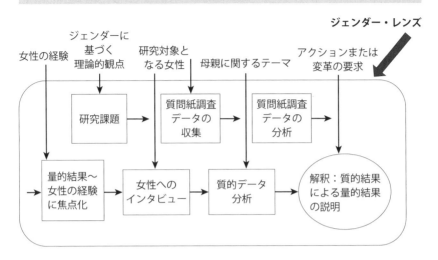

図 4.5 社会的公正デザイン

> 社会的公正デザイン (social justice design) の目的は，社会正義の枠組みから課題を探究することである。研究者は，混合型研究全体を通してこの枠組みを貫くことによって，基本型デザインを発展させる。

このタイプの混合研究法デザインの手続きは以下のとおりである。

1. 使用する基本型デザインのタイプを特定し，質的データを調査に加える段階と理由を検討する。
2. デザインの（全体でないとしても）多くの段階を特徴付ける理論的レンズを組み入れる。
3. 調査を実施する。
4. 調査対象である状況に対処する上で，どのように社会的公正のレンズが役立ったかについて論じる。

このタイプのデザインの優れた点は，周縁に追いやられた集団や社会的弱者

を支援することを目的としているところにある。調査論文の最終段階において変革の必要性が叫ばれ，研究者は社会正義を実現する立場を明らかにする。このデザインは，世界の中で，人々が不公平で周縁化された状況に置かれている国々においてよく用いられる。このデザインを使用する上での課題は，どの社会的公正のレンズを使用し，それを調査の多くの段階のどこに組み込むのか，そしてさらなる人々の周縁化を避ける中で社会的公正のレンズを調査にどのように含めたらよいのかということである。

多段階評価研究デザイン

多段階評価研究の狙いは，特定の状況で実施されるプログラムや活動の成功を長期間にわたり評価するために調査を行うところにある。「多段階」と呼ばれる理由は，構成要素の1つである各段階の調査が，それ単体で独立しているからである。全体の目的がプログラムや活動がもつメリット，重要性，または価値を評価するものである時に評価研究となる。全体の評価研究デザインを構成する個々のプロジェクトは質的，量的，または混合型研究になり得る。その他の応用型デザイン同様，これらの調査の中に，収斂，説明的順次，または探索的順次デザインが含まれることになる。

> 多段階評価デザイン（multistage evaluation design）の狙いは，特定の状況で実施されるプログラムや活動の成功を長期間にわたり評価するために調査を行うところにある。

図4.6は，測定指標の開発とその検証，プログラムの実行，そしてフォローアップの実施に繋がる，量的・質的両方の多くの段階があることを示している。

このデザインを実施する際には，以下の手続きに従っていただきたい。

1. 評価の対象となるプログラムと，それを行うチームメンバーを決定する。
2. どの基本型デザインが評価に必要かを検討する。通常評価研究は，探索的

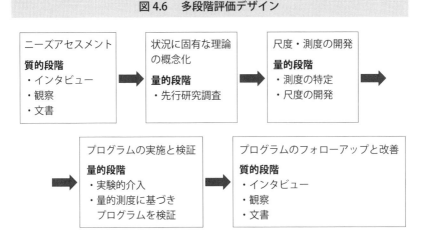

図4.6　多段階評価デザイン

順次デザインによるニーズアセスメントから始まる。
3. 評価研究の段階を特定する。これらの段階にはニーズアセスメント，理論的概念化，測定指標・尺度の使用，これらの測定指標・尺度を用いたプログラムの検証，そしてプログラム実施の検証を説明するフォローアップが含まれる。
4. 各段階において，質的・量的データのどちらが，またはその両方が収集・分析されるのかを決定する。
5. 評価研究を実施し，必要であればプログラムや測定尺度を修正する。

多段階評価研究デザインの長所は，プログラムの成功を立証するための体系的手続きにある。そこには量的・質的（または混合型）スキルの両方をもったチームメンバーが関わる可能性がある。これはまた複雑なタイプのデザインであり，長期間にわたって実施されるため，資金提供機関からは厳密で重層的なプロジェクトと見なされるといえる。

このデザインを使用する上での課題は，「単独」の研究者には適しておらず，チーム（しばしばステークホルダーの支援も受けながら）で実施されることが求められることである。研究者がこのタイプのプロジェクトに従事する上で資金や時間を確保することは困難であろう。また，チームメンバーの協働を促す

ための調整が必要となり，プロジェクトの全体的な評価目的を確実に明確なものにする必要がある。最後に，1つの段階が次の段階を導くことになるため，特定の段階が次の段階にどのように貢献するかについてもチームで検討する必要がある。この活動の流れは，チームの強いリーダーシップを必要とする（第3章参照）。

❖ デザインの選択方法

　まず基本型デザインから決定することを私は勧めたい。基本型デザインを選択するためには，2つのデータベースを結合するのか連結するのかを検討することになる。これが**収斂**デザイン（データを結合する）となるのか**順次**デザイン（データを連結する）となるかに繋がる。次にデザインに介入試験，社会的公正のレンズ，または長期にわたる評価研究の要素が加わるのか否かを検討する。これらの要素が基本型デザインを応用型デザインに発展させる。

　デザインを選択する上で影響を与えるその他の要素もある。まず，混合研究法に持ち込む自分のスキルと姿勢を検討することを勧める。もし（個人的関心または専門分野のトレーニングによって）量的研究に強く傾倒しているのであれば，量的研究から始めるデザイン（つまり，説明的順次デザイン）の使用を勧める。もし質的研究に傾倒しているのであれば，質的研究から始める探索的順次デザインを検討することを提案する。また，自分のスキルが量的・質的研究のどちらにおいてより優れているのかも評価することを勧める。

　最後に，どのようなタイプの混合研究法デザインが自身の分野で使用されているかを確認するため，文献調査を行うことを勧める。トラウマ研究の分野で私と共同研究者が混合研究法を用いた経験的研究のレビューを実施した際に，ほとんどが説明的順次デザインであることがわかった（Creswell & Zhang, 2009）。健康科学において混合型研究プロジェクトの議論に参加した際は，そのほとんどが質的研究を介入の前，最中，後に加えた介入デザインであった（Creswell, Fetters, Plano Clark, & Morales, 2009）。

本章のまとめ ❖

以下は，本章で紹介した内容に基づく具体的なアドバイスである。

- 混合型研究のデザインを最初に検討する際に，3つの基本型デザインのうちの1つを考慮すること。おそらく，最も実施しやすいのは，説明的順次デザインであり，次に収斂デザイン，そして探索的順次デザインと続くであろう。この最後のデザインは，より多くの段階を必要とすることからより複雑となり，幅広いスキルが求められる。
- デザインは，タイミング（何が先に来て，何が次に来るか）や強調点（プロジェクトにおいて質的研究と量的研究のどちらかがより強調されるのか）といった見地から検討し始めるのではなく，デザインと研究設問によって何を成し遂げたいと思っているのかといった，**目的**に基づいて検討すること。2つのデータベースを比較する目的なのか（収斂デザイン）。質的データを用いて量的結果を説明する目的なのか（説明的順次デザイン）。最初に質的に探索し，その上に量的要素を積み上げる目的なのか（探索的順次デザイン）。
- 基本型デザインを決定した後は，それを応用型デザインに拡張する特徴を加えるか否かを検討すること。実験（または介入試験）を加えるのか。社会的公正の枠組みを加えるのか。プログラム評価を加えるのか。
- 次の要因に基づいてデザインを選択すること。それらは，研究の目的（何を成し遂げたいのか），あなた自身のバックグラウンドとスキルのレベル，そして専門領域や分野において好まれるデザインの傾向である。

❖ さらに詳しく学びたい人のために

混合研究法デザインについては,下記を参照されたい。
Creswell, J. W., & Plano Clark, V. L. (2011). *Designing and conducting mixed methods research* (2nd ed.). Thousand Oaks, CA: SAGE.

実験デザインについては,下記を参照されたい。
Creswell, J. W. (2012). *Educational research: Planning, conducting, and evaluating quantitative and qualitative research.* Boston, MA: Pearson.
Shadish, W. R., Cook, T. D., & Campbell, D. T. (2002). *Experimental and quasi-experimental designs for generalized causal inference.* Boston, MA: Houghton Mifflin.

一般的な評価研究デザインについては,下記を参照されたい。
Rossi, P. H., Lipsey, M. W., & Freeman, H. E. (2004). *Evaluation: A systematic approach.* Thousand Oaks, CA: SAGE.

測定尺度のデザインについては,下記を参照されたい。
DeVellis, R. F. (2012). *Scale development: Theory and applications* (3rd ed.). Thousand Oaks, CA: SAGE.

デザインの各類型に関するお勧めしたい良例については,下記を参照されたい。

(収斂デザイン)
Wittink, M. N., Barg, F. K., & Gallo, J. J. (2006). Unwritten rules of talking to doctors about depression: Integrating qualitative and quantitative methods. *Annals of Family Medicine, 4,* 302-309. doi: 10.1370/afm.558.

(説明的順次デザイン)
Ivankova, N. V., & Stick, S. L. (2007). Students' persistence in a distributed doctoral program in educational leadership in higher education: A mixed methods study. *Research in Higher Education, 48,* 93-135. doi: 10.1007/s11162-006-9025-4.

(探索的順次デザイン)
Betancourt, T. S., Meyers-Ohki, S. E., Stevenson, A., Ingabire, C., Kanyanganzi, E, Munyana, M., Beardslee, W. R. (2011). Using mixed-methods research to adapt and evaluate a family strengthening intervention in Rwanda. *African Journal of Traumatic Stress, 2* (1), 32-45.

(介入デザイン)
Rogers, A., Day, J., Randall, F., & Bentall, R. P. (2003). Patients' understanding and participation in a trial designed to improve the management of anti-psychotic medication: A qualitative study. *Social Psychiatry and Psychiatric Epidemiology*, *38* (12), 720-727. doi: 10.1007/s00127-003-0693-5.

(社会的公正デザイン)
Hodgkin, S. (2008). Telling it all: A story of women's social capital using a mixed methods approach. *Journal of Mixed Methods Research*, *2* (4), 296-316. doi: 10.1177/1558689808321641.

(多段階評価デザイン)
Nastasi, B. K., Hitchcock, J., Sarkar, S., Burkholder, G., Varjas, K., & Jayasena, A. (2007). Mixed methods in intervention research: Theory to adaptation. *Journal of Mixed Methods Research*, *1* (2), 164-182. doi: 10.1177/1558689806298181

第5章
手続きダイアグラムの描画法

本章で取り上げるトピック ❖

- 混合研究法におけるダイアグラムの定義と使用
- ダイアグラムを描くためのツール
- ダイアグラムの描画における基本的なステップ
- 基本型および応用型混合研究法デザインのダイアグラムの見本

ダイアグラムの定義 ❖

　混合研究法の文脈で**手続きのダイアグラム**とは，混合研究法デザインにおいて用いられる手続きを伝達するための図のことである。これは研究におけるデータ収集，データ分析，そして解釈に関する情報を含んでいる。研究手続きのダイアグラムを作成することを考えるのは一般的ではないかもしれないが，研究の中で用いる理論のダイアグラムを作成することは珍しくない。手続きが複雑な場合（例えば混合型研究において，複数の量的・質的データ収集や分析のステップがある場合），研究の全構成要素をまとめた視覚的略図があると助けとなる。これに加え，混合研究法は新しいだけにわかりにくい部分もあるかもしれないので，手続きの全体像を示すことはオーディエンスや読者にとって有用であろう。

❖ ダイアグラムの使用

2003年頃，連邦政府の研究基金プログラムの官僚が私を訪問したことが混合研究法の手続きダイアグラムの発展をもたらした。この役人は混合研究法を気に入ってくれてはいたが，データ収集と分析の複数の要素があるために混合研究法は理解しづらいと言った。その会話の後，同僚と私は混合研究法の手続きダイアグラムを描き始め，以来その精緻化と開発に努めてきた。ダイアグラムには多くの利用方法がある。大学院生は，計画中の混合型研究について議論を始める際にダイアグラムを用いることができる。これらのダイアグラムは，*Journal of Mixed Methods Research* のような混合研究法の学術雑誌の中で見られるようになってきている。また，研究助成金の応募書類や計画書の中にも含まれるようになってきており，学会における混合型研究の発表の際に有益な視覚資料となっている。

要するに，ダイアグラムは短いスペースで多くの情報を要約し，その応用の可能性は複数存在するということである。

❖ ダイアグラムを描くためのツール

図が出版されたりオーディエンスに対して示されるのであれば，これを描くためにコンピュータのプログラムが必要となる。混合研究法を用いる多くの研究者は1ページに構成要素を容易に配置することができることから，図を描くためにパワーポイントを使用する。ワードプロセッシングのプログラムを使用する人や，表計算ソフトを用いて作図する人もいる。もちろん，特定の描画用コンピュータプログラムが使われる場合もあるだろう。

ダイアグラムを描く前に，研究で使用するデザインのタイプと，それが基本型なのか応用型デザインなのかを認識する必要がある。さらに，混合研究法を用いる研究者におなじみの表記システムを使用することで，ダイアグラムの質を高めることになる。

表 5.1 混合研究法におけるダイアグラムの表記法

表記	表記の意味	例	主要な引用文献
大文字表記	優先度の高い方法	QUAN, QUAL	Morse (1991, 2003)
小文字表記	優先度の低い方法	quan, qual	Morse (1991, 2003)
＋	収斂的な方法	QUAN ＋ QUAL	Morse (1991, 2003)
→	順次的な方法	QUAN → QUAL	Morse (1991, 2003)

ダイアグラムの表記法 ❖

　混合研究法においてよく知られることとなる表記システムを，1991年に初めて明記したのがモース（Morse）である。表5.1では，開発された基本的な表記法を見ることができる。混合型研究においてこれは不規則に採用されているのは確かだが，プラス記号（＋）と右矢印（→）は，量的・質的方法が同時に使用されるとか，1つの方法がもう1つの方法に続くといったことを表す標準的機能となった。したがって，これらはダイアグラムにおいてよく目にするであろう2つの記号である。それほどには使用されていない記号として，その他にも研究における量的・質的要素の優先度や強調度の高いことを示す大文字（Q）と，優先度や強調度の低いことを示す小文字（q）といったものがある。その他の記号として，情報を埋め込むために使用される括弧や，一連の研究の中の個々の研究を指すために使用される角括弧がある。表記法を用いるという考えは，おそらく，ダイアグラムを簡素化し情報で溢れさせないようにするために，近年ではあまり好まれなくなってきている。

ダイアグラムの基本的要素 ❖

　2006年に，アイヴァンコーヴァ，クレスウェル，そしてスティックがダイアグラムに何を含めるかを導く主たるアイデアをまとめた。重要な部分は以下の5つである。

1. 量的・質的研究のデータ収集と分析を示すボックス（ □ ）
2. 研究の解釈的段階を示すサークル（ ○ ）
3. 量的・質的研究のデータ収集と分析の両方の段階に付随する手続き。これらは箇条書きでボックスの横に記される。
4. データ収集と分析の各段階から得られる成果（ボックスの横に併記した箇条書きによって表される）
5. 手続きの順序を示す矢印

その他の機能も同様に重要である。

> **手続きダイアグラムにおける基本的要素**
> ・ボックスはデータ収集と分析を表す
> ・サークルは統合や解釈を表す
> ・手続きはテキストによって簡潔に記述される
> ・成果はテキストによって簡潔に記述される
> ・矢印は手続きの順序を表す

タイトル

ダイアグラムや図には，使用されるデザインのタイプがわかるタイトルを付ける必要がある。例えば，以下のようなタイトルが考えられる。

　　図1. 青少年の喫煙行動に関する混合型研究の収斂デザイン

このタイトルはデザインのタイプの他に研究の主要な意図または焦点についても言及している。

垂直方向・水平方向

ダイアグラムは，ページの垂直方向にも水平方向にも描くことができる。典

型的には，収斂デザインは垂直方向に，順次デザインは水平方向に描く。ダイアグラムをどのように描くことが最も適切かを決定する上で，書き手はオーディエンスのことを考える必要がある。例えば，軍もしくは健康科学の研究においては，これらの組織に見られる上意下達型の構造と合致させるために，ほとんどのダイアグラムは垂直に描かれる。

簡潔性

　もう1つ検討すべきことは，ボックス内の情報に「データ収集」や「データ分析」というラベルを付けるのか，または「インタビューデータの収集」や「20名の青少年からのインタビューデータの収集」といった，より完全な記述を含めるのかという点である。混合研究法の初学者は，しばしばより完全な情報や詳細をダイアグラムのボックスの中に含めようとする。これらの人々は描画において「方法」よりも「内容」中心の傾向を有しており，具体的な方法の手続きと同程度に研究の内容についても伝えるようなダイアグラムを作成しているのだろう。

　ダイアグラムを描く上での重要な目的は，詳細に書きすぎることではなく，簡潔でわかりやすくすることである。したがって，多くの矢印があちらこちらに伸びているようなものはお勧めできない。量的・質的要素の両方におけるデータ収集，データ分析，そして解釈を簡潔に配置したものを作成するようアドバイスする。

1ページに収める

　ダイアグラムは1ページに収める必要がある。このアプローチはスペースを節約すると同時にダイアグラムを理解することを促進する。矢印やボックスをページからページへと追っていくのは，多くの場合理解しづらいものである。

タイムライン

　研究の諸段階に時間を割り当てることは有益な場合が多い。データ収集はいつ実施するのか。データ分析はいつか。解釈はいつか。月もしくは日単位のタイムラインをダイアグラムのボックスの横に引かれた線上に配置することができる。これはプロジェクトの各段階が始まるのがいつかを読者や研究者が理解する上での助けとなる。

❖　ダイアグラムを描くための基本的なステップ

1. 描画に使用するコンピュータプログラムを選択する
2. 使用することを計画している基本型デザインを描いてみる——収斂デザイン，説明的デザイン，探索的デザイン。データ収集とデータ分析を示すにはボックスを，解釈にはサークルを，そして手続きの流れには矢印を使用する。
3. 応用型デザインであることを示す特徴を加える。例えば，基本型デザインを枠で囲み，そこに応用型デザインの特徴をラベル付けする。
4. 好みによっては，手続き，成果，タイムライン，段階，そしてカラーコーディングといった追加情報をダイアグラムに加える。

❖　デザインによるダイアグラムの視覚モデル

　図5.1の3つの基本型デザイン——収斂デザイン，説明的順次デザイン，そして探索的順次デザイン——のダイアグラムを見てほしい。ご覧のとおり，各ダイアグラムはデータ収集とデータ分析を表すボックスと，量的・質的研究の両方の解釈を表すサークルで構成されている。矢印はアクティビティの流れを示しており，3つのダイアグラムはすべて（便宜上）水平方向に描かれている。各デザインの方法のステップを簡潔に記述するために，ダイアグラムにはことばが挿入されている。

　応用型デザインのダイアグラムを示す図5.2は，混合研究法を用いた介入研

図 5.1 混合研究法における基本型デザインの手続きダイアグラム
(原著者に確認の上,訳者が一部修正)

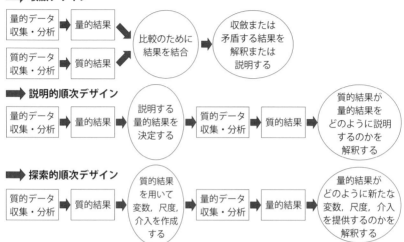

図 5.2 混合研究法における応用型デザインの手続きダイアグラム

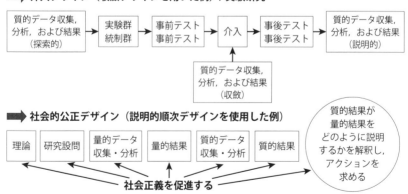

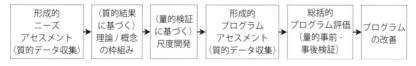

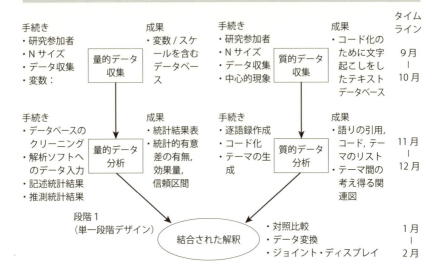

図 5.3 収斂デザインを用いた混合型研究の例

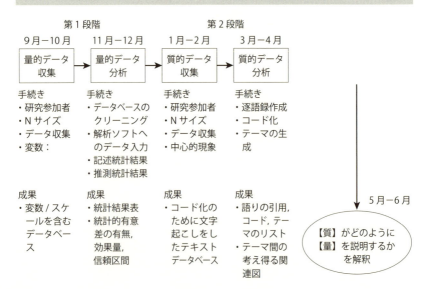

図 5.4 説明的順次デザインを用いた混合型研究の例

究，社会的公正研究，そして多段階評価研究をデザインする上で役に立つモデルを提供している。

基本型デザインには，追加情報を提供する機能を加えることができる。図5.3を見てほしい。この図には，主要なボックスの横に箇条書きで示された手続きがリストされている。この図にはまた，ダイアグラムの中央に成果がリストされており，ダイアグラムに沿ってその外側にタイムラインが含まれている。収斂デザインであることがわかるタイトルは，APAスタイルの形式に倣うのであればダイアグラムの下に表示される。さらに，収斂デザインとして，このデザインは単一段階デザインとして示されている。

探索的順次デザインは図5.4に示されている。ここでは水平方向にボックス，手続きと成果に関連したボックス，タイムライン，2段階デザインの表示，そしてタイトルが見られる。

手続きと成果をダイアグラムに加える ❖

これらのダイアグラムに示されるように，手続きと成果は箇条書きで書かれ，挿入可能な情報の量は極めて限定されている。これは，どの情報を箇条書きで提供するかを決定する際に，研究者は何が最も重要であるかを検討する必要があることを意味する。

表5.2は量的データ収集・分析と質的データ収集・分析の両方を示すダイアグラムで，提供され得るデータのタイプを示している。手続きとは各調査段階において研究者が取り組むステップや方法のことを指し，成果とは各段階において得られる特定の結果を示す。成果は，連邦政府，州，公的組織にプロジェクトの特定の成果を報告する際に特に役に立つ。

応用型デザインのダイアグラムを描く ❖

応用型デザインを描く前に基本型デザインを確認することは，有益な場合が多い。例えば，応用型の介入デザインにおいて，基本型デザインは，実験研究後その結果を説明するためにインタビュー調査が続く部分であろう。応用型デ

表 5.2 ダイアグラムに含める手続きと成果の情報

	手続き	成果
量的データ収集	・研究参加者 ・Nサイズ ・データ収集 ・変数	変数/スケールを含むデータベース
量的データ分析	・データベースのクリーニング ・解析ソフトへのデータ入力 ・記述統計結果 ・推測統計結果	・統計分析の結果を示した表 ・統計的有意差の有無，効果量，信頼区間
質的データ収集	・研究参加者 ・Nサイズ ・データ収集 ・中心的現象	・コード化のために文字起こしをしたテキストデータベース
質的データ分析	・逐語録作成 ・コード化 ・テーマの生成	・語りの引用，コード，テーマのリスト ・テーマ間の考え得る関連図

ザインを描くには，2つの図が必要となるかもしれない。そのうちの1つは図 5.5 に示したような基本型デザインである。このデザインに，実験・介入デザイン内で用いられる図 5.6 で表したような，手続き，成果，タイムライン，そして様々な段階を含めることで，より完全なデザインに仕上げて行く。図 5.6 は，基本型の説明的順次デザインが実験・介入デザインの中に包含される形ではめこまれていることを示している。プロジェクトの質的な要素は実験の後に続き，実験結果を説明する手助けをする。

❖ 本章のまとめ

　結論として，混合型研究には常にダイアグラムを含めることをお勧めしたい。ダイアグラムを含めることで手続きの有用な全体像を提供し，読者がデザインの複雑な機能を理解するのに役立つ。さらに私は，これらのダイアグラムを描く際のいくつかの基本的機能を再検討してみた。最も重要なことは，ダイアグ

図 5.5　応用型デザイン：(説明的順次の基本型デザインを用いた) 介入デザイン

図 5.6　介入デザインを用いた混合型研究の例

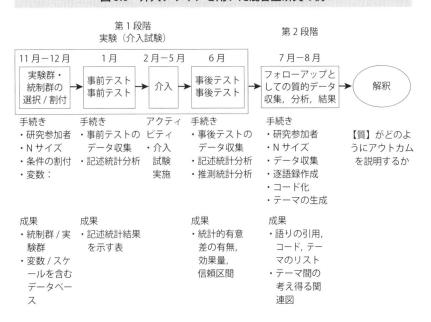

ラムは簡潔にわかりやすく，1ページで描くことである。ダイアグラムを描く際，常に基本型デザインから始め，必要に応じて応用型デザインの機能を加えていくようにしてほしい。より多くの情報を提供して読者を引き込むことができるよう，さらなる詳細情報をデザインに組み込むことも可能である。

❖ さらに詳しく学びたい人のために

Ivankova, N. V., Creswell, J. W., & Stick, S. (2006). Using mixed methods sequential explanatory design: From theory to practice. *Field Methods, 18*, 3-20.

Morse, J. M. (1991). Approaches to qualitative-quantitative methodological triangulation. *Nursing Research, 40*, 120-123.

第6章
混合型研究の序論を書く

本章で取り上げるトピック ❖

- 混合型研究における序論の書き方
- 混合型研究の目的を書く
- 混合型研究の研究設問を書く

優れた序論の重要性 ❖

　いかなる研究であっても，最も重要な側面の1つは序論である。もし論文の最初の数パラグラフで読者の関心を掴めなかったとすれば，プロジェクトの内容に入る前に既に読み手を失うことになろう。このオープニングのセクションは，取り組むべき問題や関心事を明らかにし，その問題の重要性を読者に納得させ，この問題に対する潜在的な解決策を見出すことの意義を示さなければならない。小説家はこのアプローチを熟知している。彼らは最初の段階で読者に難題を突きつけ，ページが進むにつれて問題解決または問題の理解に近づいていると感じさせるに足る十分なヒントを与えるのである。同様に，作曲家は不協和音のコードを創り出し，それから次に耳に心地よいコードでこの不協和音を解消する。コメディ番組の制作者はしばしば，2つか3つの中心となる難題を，30分の番組の最後にはすべてが複数同時に，もしくは個別に，満足の行く結末に至るようにひと続きにする。ゆえに，後に取り組むこととなる問題や課題を先に明らかにするこの研究のモデルは，新しいものではなく，私たちの生活の多くの領域において馴染みのあるものである。

❖ 混合型研究の序論の書き方

ここ数年の間，研究法の書籍の中では，序論を執筆する際にその構成要素を示したスクリプトに従うことが強調されてきた（Creswell（2014）の中の「研究をデザインする」を参照）。このスクリプトは研究の序論を執筆する上での「社会科学の欠陥モデル」と呼ばれてきたものだが，これは健康科学においても同様に当てはまる。研究の序論は読者のトピックに対する関心を刺激し，取り組もうとする問題や課題を特定し，研究における具体的な狙い（または目的）を示し，多くの場合特定の狙い（または目的）を具体的な研究設問に落とし込むことを目指している。社会，行動，そして健康科学の厳密な研究においてしばしば見られる序論の定型書式には，5つのセクションがある。

序論の書き方
1. トピック
2. 問題
3. 既存の先行研究
4. 先行研究の欠落点
5. 恩恵を受けるオーディエンス

これらの5つのセクションの後には，目的の記述（または研究の狙い）と研究設問が続く。5つのセクションは以下で説明する。

トピック

最初の数行で，うつ病のスクリーニングまたは中学校における青少年の行動といった研究の大まかなトピックについて書く。文献情報を与え，統計を引用し，読者にこれが検討するに値する重要なトピックであることを理解してもらう。さらに，最初の文章に注目してほしい。これは文学専門の同業者たちが「ナラティブフック」と呼ぶものである。最初の1または2文では，読者の心を掴み，彼らに読み続けずにはいられないと思わせることが肝要である。最後

に，読者には最初の文章を読んで考え込んで手間取ってしまうような難解なトピックではなく，自身に関連付けられるようなトピックを与えてほしい。これは「読者をゆっくりと井戸の中に下ろすこと」と喩えられるだろう。

問　題

　トピックを紹介したら，研究によって取り組む問題や課題の明確なイメージを創り出すことが重要である。これは書くのが難しい一節であり，多くの研究者が課題や関心事を明らかにするというよりは，むしろ「何がなされたか」に言及してしまう。どのような問題が解決されたり対処されたりする必要があるのだろうか。これは，実践から浮かび上がる課題としても考えられるかもしれない。ヘルスクリニックにおいてスケジューリングの問題とは何か。コミュニティにおいて人々を巻き込む上での課題とは何か。研究者はしばしば先行研究の問題，つまり「研究の欠落」のみに言及し，そのままにしてしまう。確かに，当該問題についてなされた研究がないというのも重要であるが，研究がないということがどのような結果をもたらすのだろうか（いうなれば，それが一体どういう問題に繋がるのか）。さらに，研究の必要性は複数の問題によってもたらされるかもしれない。それら全てに言及してほしい。また，問題に対する自身の主張を支持する引用文献を提示してほしい。そうすることで優れた学術研究となるのだ。

既存の文献

　次に，当該問題に取り組んだ既存の文献を取り上げてほしい。このセクションは先行研究のレビューではなく，当該問題を扱った研究群を大まかに見渡すものである。ある問題に関しては，先行研究が存在していないのかもしれない。他の問題については多くの調査が存在するが，あなたの研究の方向性に直接示唆を与えるものではないかもしれない。このセクションでは必ず文献を引用すること。徹底的な文献調査と，可能な限り関連の深い論文の引用があなたの混合型研究には為されていると読者が結論付けられるように，十分な文献に言及

してほしい。

先行研究における混合型研究の欠落

次のセクションでは，先行研究において欠落している，問題に取り組む上で有益な部分について議論すること。欠落部分はおそらく研究参加者に関連があるか（例えば，ヒスパニックを対象とした調査の必要性），あるいは変数間の関係が明確に説明されていない可能性がある（例えば，がんスクリーニングを人々に促す要因に関する一貫しない結果）。混合研究法が重要な役割を担うのはこのセクションである。混合研究法の背景にある基本的な考えは，(a) 量的・質的データを収集し，(b) データベースを統合または並行して使用する時に何かが得られるというものである。したがって，先行研究の欠落は，混合研究法を用いる根拠に直接関係しているといえよう。文化的感受性の高い測定尺度をもっていないことから，測定や情報収集を開始する前にまず探索する必要があるかもしれない（つまり，探索的順次デザイン）。構成概念や変数を測る優れた測定方法がないことから，構成概念に関する「セカンド・オピニオン」を得ることができるように研究参加者に構成概念について尋ねるインタビューを加える必要があるかもしれない（つまり，収斂デザイン）。介入研究に参加者を募る最良の方法を知るために研究を実施する必要があり，介入研究をフォーカスグループ・インタビューによる質的調査から始めるかもしれない（つまり，介入デザイン）。

オーディエンス

調査研究から誰が恩恵を受けるかを断定することによって，オーディエンスを特定すること。網を十分に広く行き渡らせれば，すべての読者が願わくばこのオーディエンスの一部となる。オーディエンスを人々の集団として考えることもできるだろう。政策策定者，リーダー，他の研究者，組織や学校の実践者，またはウェブの閲覧者がその研究からどのように恩恵を受けることができるだろうか。この節ではそれぞれのオーディエンスを特定し，当該問題に取り組む

研究が彼らにどのように役立つかを具体的に述べることが有益である。

混合型研究の目的の書き方 ❖

　この文は研究プロジェクトの中で最も重要なものである。これは研究全体の目標や中心的な目的を表明する。この文が明瞭でないと，プロジェクトを通して読者を失うことになる。この文を書くことをさらに困難にするのは，混合研究法が多くの流動的な部分をもつ複雑なものであるということだ。読者はこれらの流動的な部分に論文の早い段階，つまり目的の言明や研究の狙いを書くセクションで遭遇する必要がある。

> 目的の言明は，研究の主たる意図や目的を明確にする。これは研究プロジェクトの中で，最も重要な記述である。

「ベストプラクティス」における研究目的

　2011 年，ある研究グループが「健康科学における混合研究法のベストプラクティス」を開発した。このグループは，アメリカ国立衛生研究所（National Institutes of Health: NIH）の行動・社会科学研究室（Office of Behavioral and Social Sciences Research: OBSSR）からの委託を受けたものである。この作業グループの成果は NIH の研究助成金の応募者と応募書類を審査する委員が使用する混合研究法の実践方法の開発であった。この報告書の1セクション（ウェブサイトに公開中）には，NIH プロジェクトとして推奨される研究目的が記載されている。混合研究法プロジェクトの研究目的は，量的，質的，そして混合型研究の目的が含まれているべきであり，これらの目的は使用される混合研究法デザインと関連するものであるとされた。さらに，おそらく最も重要なのは，研究目的の「要素」の順序が議論され，研究グループのメンバーは，明らかに内容に関するトピック（つまり，研究対象となるトピック）から方法（つまり，当該トピックを研究するために使用される手続き）への流れが見たいと考えていたことである。言い換えれば，方法は研究目的において二次的なもの

であって，内容が方法より強調されるということである。以下に例を挙げる。

エイズ/HIV の治療手順の受容〈内容〉について，1対1インタビュー〈方法〉を使用して探索的に調査する。

書き方の見本

まずは研究内容が強調されるべきというこの考えは，研究者がプロジェクトの目的の言明や研究の目標を伝える上で使用する混合型研究用スクリプトの作成に関わってくる。混合型研究における目的の言明文は一般的に長くて包括的である。優れた混合型研究の目的文は4つの要素から成る。

1. **目的**—研究の全体的な目的を伝えること。プロジェクトの終わりに何を達成したいのか。これを簡潔な1文にまとめること。
2. **デザイン**—次に，研究で用いる特定の混合研究法デザイン（例えば，介入デザイン）に触れること。このデザインの簡潔な定義を記述し，収集する量的・質的データのタイプと，2つのデータベースがどのように統合または組み合わされるのかについて言及すること。
3. **データ**—次にデータ収集の手順を説明し，ここに検証する理論，研究対象となる個人，分析する変数，そして調査すべき中心的現象を含める。例えば，収斂デザインであれば，以下のように記述されよう。（具体的な情報を［　］の中に入れる[1]。）
　　本研究では，［調査現場］の［研究参加者］を対象に，［独立変数］が［従属変数］に対し［正または負］の影響を与えると予測する［理論名］を検証するために［量的データ］を使用する。［質的データのタイプ］によって［調査現場］の［研究参加者］における［中心的現象］を探索する。
4. **根拠**—目的の言明の最後は，量的・質的データの両方を収集する根拠で締めくくること。質的データは量的結果を説明するために含めるのか（すな

---

[1] 訳者による追加文。

わち，説明的順次デザイン）。問題のより完全な理解を期待するのか（すなわち，収斂デザイン）。より優れた測定尺度を開発するのが理由なのか（すなわち，探索的順次デザイン）。

以下は説明的順次デザインの書き方の例である。研究者は情報を適切な［　］の中に入れることになる。（具体的な情報を［　］の中に入れる[2]。）

本研究は［研究内容の目的］に取り組むものである。混合研究法の説明的順次デザインが使用され，最初に量的データを，次に綿密な質的データによって量的結果を説明する。研究の最初の量的研究の段階では，［量的測定尺度］を用い，［調査現場］の［研究参加者］からデータを収集し，［独立変数］が［従属変数］に関連しているかどうかを評価する［理論名］を検証する。次の質的段階は量的結果を説明するためのフォローアップ調査として実施される。この説明的フォローアップにおける暫定的な計画は，［調査現場］の［研究参加者］を対象に［研究の中心的現象］を探ることである。

混合型研究の研究設問を書く ❖

　完全な量的研究でも完全な質的研究でもなく，その中間に位置する混合型研究においては，研究設問をどのように書くべきなのだろうか。まず，混合型研究を報告している学術雑誌に出版された論文では目的の言明（調査の狙い）および研究設問は通常報告されていない。しばしば，目的について書かれた文章のみがある。修士論文や博士論文といった学生が研究を修得したことを証明する必要があるものにおいては，目的の言明と研究設問の両方が書かれているのをしばしば目にする。研究助成金獲得のための研究計画書もまた，典型的には目的の言明と研究設問の両方が書かれている。

　研究設問や研究仮説の役割は，プロジェクトが具体的に取り組む質問や言明

2　訳者による追加文。

に目的文を絞り込むことである。混合研究法を用いた調査においては，3つのタイプの質問を用意することが有益である。

1. 量的研究の仮説または研究設問
2. 質的研究の研究設問
3. **混合型研究の研究設問**

量的研究の仮説または研究設問

　仮説は先行研究や理論に基づく結果の予測である。これらは帰無仮説として表すこともできれば（例えば，「～の間には統計的に有意な関連はない」），方向性を示す形で表すこともできる（例えば，「より高いモチベーションがより高いアチーブメントをもたらす」）。仮説は質問を形式的に書く方法であり，混合型研究では一般的に実験研究の要素において見られる。仮説を立てない代わりとしては，研究設問を提示するということがあるだろう（例えば，「高いモチベーションは高いアチーブメントと関連があるか」）。今日，多くの混合型研究プロジェクトが仮説ではなく研究設問を用いている。

　量的研究の仮説や研究設問を書く上で，いくつかの基本的なガイドラインがある。まず，変数を特定する必要があり，これは主として研究において従属変数もしくはアウトカムに影響を与える独立変数ということになる。変数とは研究者が測定するものである。量的研究においては，一般的に，（独立変数に関わる）グループ間の比較や変数間の関連づけ（例えば，「低い自尊心に寄与する要因は何か」）がなされる。

　第2に，綿密な量的研究では，独立変数と従属変数の関係を説明したり予測する理論に基づいて仮説や研究設問が立てられる。第3に，研究者は仮説か研究設問のどちらかを選ぶ必要がある。一般的に，単一の混合型研究においてはこれら両方が用いられることはない。第4に，変数とその意味を明確にしてほしい。2つの最も重要な変数は独立変数と従属変数であり，おそらくこれらは因果関係を示している。これらに続き媒介変数（独立変数と従属変数の間に影響を媒介するものとして存在する），調整変数（独立変数と共にアウトカムに影

響を与える変数。例えば，年齢×モチベーションがアチーブメントに影響を与える)，そして研究の中でその効果がコントロールされる社会経済的ステータス，教育年数，ジェンダーなどといった共変量がある。第5に，読者の助けとなるように，変数の語順（独立変数から従属変数）にはそれぞれの研究設問や仮説において一貫性をもたせたほうがよい。以下は一貫した語順の例である。

　　自宅のロケーションは医療クリニックの選択に影響するか。
　　家族のメンバーからのアドバイスは医療クリニックの選択に影響するか。

質的研究の研究設問

　質的研究の優れた研究設問もまた，混合型研究プロジェクトに必要となる。質的研究では，調査者が仮説よりむしろ研究設問を用いる。これらの問いは，中心的な問いとそれに付随する下位レベルの問いから成るという形式を採る。中心的な問いは現象に関して尋ねる最も大雑把な問いである。通常それは**どのように**（how）または**何**（what）ということばで始まる（**なぜ**（why）や**どの**（which）ではない。これらのことばは一般的に量的研究に関連が深い）。それはまた，中心的な現象または研究者が探究したいと考えるアイデアに焦点を当てる（例えば「肝臓移植を待つこととはどのような意味をもつか」）。

　質的研究の研究設問を表現する際に，研究者はまた，行動志向的な探索的動詞である，発見する，理解する，記述する，報告するといったことばを使用する。これらの問いはしばしば，データ収集の最中に研究者がフィールドにおいて最良のデータ収集方法は何かを学ぶにつれて変化する。特定のタイプの質的研究デザインを用いることは研究設問の言い回しに影響するだろう。グラウンデッド・セオリーの研究設問であれば，「大規模組織の中でなぜ人は孤立して感じるのかをどのような理論が説明するか」といったものになるかもしれないし，ナラティブ研究の研究設問であれば「津波の被害にあった人々はどのような生き残りのストーリーをもっているだろうか」といったものになるかもしれない。

混合型研究の研究設問

　次に混合型研究の設問である。これはほとんどの研究者にとって新しいもので，今日まで研究法のテキストには見られなかったものである。共同研究者と私は，混合型研究で尋ねられる問いは量的または質的な問いを超越するものであるため，混合型研究独自の研究設問を開発した。「超越した何か」は，混合研究法のデザインがもつ目的によって表すことができる。量的・質的研究結果の両方を統合するデザインを用いることで，どのような情報が加えられるのだろうか。混合研究法デザインに関する知識が，そのデザインによって答えを得ることが意図された研究設問について検討し，それを提示することを可能にする。以下のリストは，6つの（基本型と応用型）デザインに関連した典型的な混合型研究の研究設問を示したものである。

　収斂デザイン
　　―質的研究の結果はどの程度量的研究の結果を裏付けるか。
　説明的順次デザイン
　　―質的データはどのように量的研究の結果を説明するか。
　探索的順次デザイン
　　―質的研究で得られた知見はどの程度特定の母集団に一般化できるか。
　介入研究デザイン
　　―質的研究で得られた知見はどのように実験結果の解釈の質を高めるか。
　社会的公正デザイン
　　―質的研究で得られた知見はどのように量的研究結果の理解を深め，不平
　　　等の認識をもたらすか。
　多段階評価研究デザイン
　　―プロジェクトのそれぞれの段階で設定された研究設問の組み合わせで，
　　　全体的な研究目的を果たすことはできるか。

　これらの混合型研究の研究設問を見れば，量的・質的の両方のデータ分析の結果に焦点を当てた，研究方法の形式で提示されていることがわかるだろう。

つまり，これらの混合型研究設問は，「方法」の立ち位置から書くことができるということだ。あるいは，内容に焦点化した立ち位置から書くことも可能であり，その場合は「どのように思春期の少年のものの見方は中学時代の彼らの自尊心に対する態度を裏付けるか」といった問いになる。この例では，「ものの見方」が研究における質的部分を，「自尊心に対する態度」が量的部分を表す。

最後に，おそらく最も優れた混合型研究設問は，方法と内容の両方で特徴付けられたものであろう。これは混合型研究の「ハイブリッドな」研究設問と呼ばれ，ここでもまた，用いられるデザインのタイプが反映される必要がある。以下がその一例である。

> 少年たちの自尊心に関する探索的な質的データと自尊心尺度で測定した量的データを比較することで，どのような結果が得られるか。

この例では，収集されたデータ（質的データ，量的測定尺度を用いて収集したデータ）のタイプを容易に見つけ出すとともに，研究内容に関する結果（尺度によって測定され，インタビューを通して明らかとなった自尊心）に焦点を当てることもできる。

本章のまとめ ❖

本章で採ったアプローチは，混合型研究の序論を執筆する上での理想的な構造を強調することである。ここでは序論のセクションを概説するための見本を提供した。基本的に序論では研究で扱う問題を特定し，その根拠を提示しなければならない。最も重要なことは，先行研究の欠落を引き合いに出す場合は，既存の研究における不足部分に方法の観点から言及することである。量的・質的データの両方を収集する根拠を検討し，過去の文献が有する欠陥の解決策として混合型研究を使用する根拠を提示すること。混合型研究の完璧な目的の言明（または研究の狙い）を書く上でスクリプトもまた役に立つはずである。このスクリプトは研究の目的，使用する混合研究法デザイン，採用されるデータ収集の形態，そして2つの形態のデータを組み合わせる理由を強調する。最後

に，優れた混合型研究を執筆する上で，量的研究の研究設問または仮説，質的研究の研究設問，そして混合型研究の研究設問を含めること。研究設問を提示する順序は，使用する混合研究法デザインに従って決めることである（例えば，探索的順次デザインでは質的問いから始める）。また，混合型研究の問いは自身が使用する混合研究法デザインから研究者が何を知ることを期待しているのかを示すべきであり，方法，内容，またはその両方の組み合わせの観点から表現することができる。

❖ さらに詳しく学びたい人のために

Creswell, J. W., & Plano Clark, V. L. (2011). *Designing and conducting mixed methods research* (2nd ed.). Thousand Oaks, CA: SAGE.

Maxwell, J. A. (2013). *Qualitative research design: An interactive approach* (3rd ed.). Thousand Oaks, CA: SAGE.

研究設問の作成に関する詳細は，下記を参照されたい。

Plano Clark, V. L., & Badiee, M. (2010). Research questions in mixed methods research. In A. Tashakkori & C. Teddlie (Eds.), *SAGE handbook of mixed methods in social and behavioral research* (2nd ed., pp. 275-304). Thousand Oaks, CA: SAGE.

第7章
サンプリングと統合の課題

本章で取り上げるトピック ❖

- 混合型研究の量的および質的段階におけるサンプリング
- デザインの類型によるサンプリングの問題の違い
- 混合型研究における統合の類型
- ジョイントディスプレイによる統合の表現

サンプリングと統合の課題 ❖

　第4章では，3つの基本型デザインと3つの応用型デザインを用いた研究を実施する際に，想定する必要があるいくつかの課題について紹介した。これらの課題は，混合型研究を実施する上での「方法論的問題」または「妥当性の問題」として筆者が言及してきたものだが，研究者が，1つのデータセットともう1つのデータセットをどのように架橋するのか，研究に特定のレンズやフレームワークをどのように装着するのか，または優れた心理測定学的特性をもつ測定尺度の開発をどのように行うか，といったことに関連する。しかしながら，これらの課題を精査することで，混合研究法が直面する主要な課題がサンプリングと統合という2つの問題であることがわかる。**混合研究法におけるサンプリング**（sampling in mixed methods research）とは，量的・質的研究における調査参加者（そして調査の現場）を選ぶ手続きのことであり，それぞれのデザインの中で採用されるサンプリング戦略のことである。混合研究法の著書の中には，サンプルサイズと調査参加者の特質に関する質問が何ページにもわた

って書かれている。一方，**統合**（integration）とは，混合型研究の中で質的・量的研究結果をどのように組み合わせるのか，そして，この組み合わせが，用いられるデザインの類型にどのように関連するのかということである。どちらの問題についても，これまで混合研究法の文献において議論が戦わされ，論争の的となっている。Bryman（2006）をはじめとする著者らは，混合型研究を標榜するほとんどの研究は2つのデータセットの統合について説明していないという意見を提出している。むしろ研究者は2つのデータベースをばらばらのままにする傾向がある。したがって，サンプリングと統合は，混合型研究プロジェクトにおいて注目されるべきである。

> 統合（integration）とは，混合型研究の質的・量的結果をどのように1つにまとめるかということである。研究者がデータをまとめる方法は，使用する混合研究法のデザインと関連させる必要がある。

❖ サンプリング

優れた混合型研究をデザインし実施する上で重要となる，サンプリングについての課題がいくつかある。まず始めに，質的・量的サンプルは厳密な手続きによって抽出される必要がある。これは，サンプルサイズに注意を払い，サンプルにおける研究参加者を認識し，測定尺度や，インタビューのようなより開放型の手続きを通して，どのような質問をするかを考えることである。次に，使用するデザインが決まれば，サンプリングはそのデザイン**内部において**論理的かつ厳密なものである必要がある。

> **考慮するべきサンプリングの課題**
> ・質的・量的研究の両段階における，厳密な手続きの使用
> ・それぞれの段階のサンプルサイズ

量的研究のサンプリング

　相応しい対象が調査参加者となるように，サンプルを募集する際には注意深く実施する必要がある。施設内倫理委員会（IRB）の手続きを経た後，サンプルとなる個人から研究参加の同意を得る必要がある。研究対象となる現場の責任者（例えば，病院の管理者，学校の校長）から同意を得る必要もあるだろう。適切なサンプリング戦略を選択することにも注意を払う必要がある。第3章で述べたように，優れたサンプリング戦略は**無作為抽出法**であるが，調査に利用可能な個人や自発的に調査に参加してくれる個人をサンプルとしなければならないような状況では，このアプローチを使用することはできないだろう。サンプリングには，確率サンプリング（例えば，無作為抽出法，層化抽出法，または多段階クラスターサンプリングなど）というカテゴリーに入るものがある。また，非確率サンプリングにあたるものもあり，これには便宜的サンプリングや雪だるま式サンプリング（人々が調査参加者となり得る他者を推薦する）(Creswell, 2012) がある。

　もう1つ考慮しなければならないことはサンプルサイズである。可能な限り大きなサンプルを選択することが肝要である。というのも，サンプルが大きければ，サンプルが母集団の特性を反映する程度において生じる誤差が少ないからである。幸い，質問紙調査と実験調査の両方においては，適切なサンプルサイズを選択する上で助けとなるものがある。質問紙調査では，*Survey Research Methods* (Fowler, 2008) で論じられているような標本誤差の公式を用いることを提案する。ここに掲載されている表は，質問，標本誤差，そして信頼区間においてサンプルが均一に分けられるような確率（割合）に基づいてサンプルサイズを決定するための適切な計算式を示している。実験研究のためのサンプルサイズを判断するために，この計算式は有意水準（α），調査において求められる検定力の量（例えば，0.80, 0.90, 0.95），そして効果量（許容可能な実質的な差）を考慮にいれる。この計算式から，実験で用いるグループの適切なサンプルサイズを決定することができる。実験については，*Design Sensitivity* (Lipsey, 1990) などの検定力分析に関する書籍を参照することを勧める。

> 量的研究のサンプリングでは，望ましいサンプルサイズを決定するために計算式を用いること。実験研究を実施する際は，検定力分析を行うこと。

質的研究のサンプリング

　量的研究のサンプリングの目的がサンプルから母集団への一般化であるのに対し，質的研究のサンプリングの目的はそれとはまったく異なる。質的研究のサンプリングは，単純に探究中の主要な現象を理解する上で最も助けとなる調査参加者のサンプルを，合目的的に選択するというものである。これは，「何でもあり」といったタイプのサンプリングということでは決してない。合目的サンプリングの戦略は多数あり，多様性最大化サンプリング（maximal variation sampling）はその1つで，ここでは多様な視点（優れた質的研究の目的）をデザインの中に組み込むために差異のある個人が選ばれる。重大な事例を選択するサンプリング（critical sampling）は，ある現象を人々がいかに経験しているのかを知るために，特定の個々の事例または規準が調査対象者を選択するために用いられる。調査開始前と開始後に用いる，その他の形態の合目的的サンプリングもある（例えば，雪だるま式サンプリング（snowball sampling），確証／反証サンプリング（confirming/disconfirming sampling）（Creswell, 2012参照）。量的サンプリング同様，質的調査においても個々の参加者を募る必要があり，様々なレベルにおいて承認を得る必要がある（例えば，IRBによる承認，現場による承認，参加者個人の同意）。

　質的研究のサンプルサイズは，長年にわたって議論されてきたトピックである。サンプルサイズに対する伝統的な立場は，サンプルの大きさを特定するのではなく，調査において**飽和**（saturation）が起きるタイミングの機能としてサンプルの大きさを考えるというものである。飽和は，調査者が何名かの個人からデータを収集する際に，新たな調査参加者から得たデータが発展中のコードやテーマに実質上何ら新たな情報を加えることはないというデータ収集におけるタイミングと定義することができる。この時点で，調査者はデータ収集を終了する。サンプルサイズを決定するもう1つの方法（そしてこれは，私が支持

するものである）は，デザイン別（例えば，ナラティブ研究，現象学，グラウンデッド・セオリー，エスノグラフィ，事例研究）に出版された多くの質的研究を検討し，それらの論文で報告されているサンプルサイズを使用するというものである。あるいは，使用する特定のデザインを扱った研究法の書籍から，サンプルサイズに関するアドバイスを得ることができるかもしれない。私は，ナラティブ研究には1人または2人，現象学には3～10人，グラウンデッド・セオリー研究には20～30人，エスノグラフィには文化を共有した単一の集団を，そして事例研究には4～5の事例を用いることを勧めてきた（Creswell, 2013）。これらの数字のそれぞれについて，出版された特定の研究を引用することで数字に根拠を与えることができる。

> 質的サンプリングでは，探究中の中心的な現象を理解する上で，最も役に立つ調査参加者を合目的的に選択する。

混合型研究のサンプリング

それぞれの主要なデザインの中で，どのようにサンプリングを行うかを検討することは有益である。**収斂デザイン**では，図7.1で示すように，サンプリングに関する問いは量的・質的データの両方を収集する中で浮上する。

図7.1 収斂デザインのサンプリング

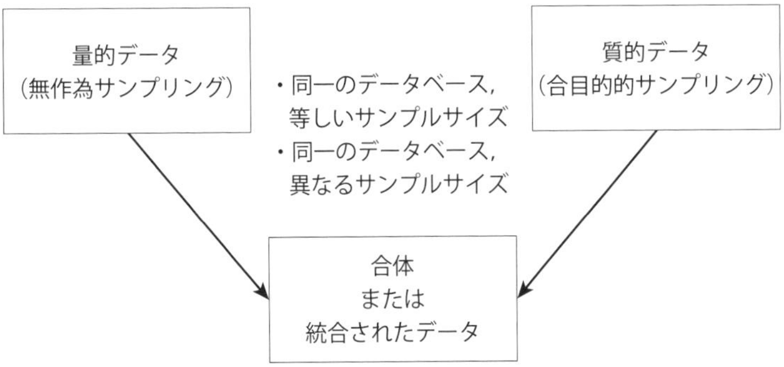

```
量的データ                                        質的データ
(無作為サンプリング)                              (合目的的サンプリング)
                  ・同一のデータベース，
                    等しいサンプルサイズ
                  ・同一のデータベース，
                    異なるサンプルサイズ
                        ↓        ↓
                          合体
                          または
                       統合されたデータ
```

このデザインでは，量的サンプルは無作為または非無作為サンプリングの手続きを通して抽出され，質的サンプルは合目的的サンプリングによって抽出される。これら2つのデータベースのためのサンプルを選定する上で，2つの課題が浮上する。それらは，「調査参加者は同じ母集団に属するのか」，「2つのサンプルサイズは等しくあるべきか」である。最初の質問に対する答えは「イエス」であり，調査参加者は同一の母集団に属することが理想的である。一部の事例では，混合研究法を用いる研究者はそれぞれのサンプルに対し異なる分析単位を用いることがある（例：量的サンプルに病院管理者を，質的サンプルに医療従事者を用いる）。異なる分析単位を用いることは，収斂デザインの目的が異なる視点の比較である時に特にうまく働くはずである。もし，目的が1つのデータベースでもう1つのデータベースの妥当性を検証することであれば，同一の調査参加者を用いることを勧める。

　2つ目の質問に対する答えは，それほど明確ではない。質的研究においては，個人の視点を明らかにするために小さなサンプルが用いられる。一方量的研究においては，サンプルから母集団への結果の一般化が可能となるように，大きなサンプルが用いられる。混合型研究では，量的・質的調査段階の両方のサンプルサイズの選択肢を検討する必要がある。文献にある1つの選択肢は，量的・質的データ収集のサンプルサイズを等しくするというものである。この手続きでは，もちろん，質的研究のサンプルサイズが時間と手間のかかる大きなものとなる。もう1つの選択肢は，質的データに重み付けをして，量的データの事例と等しくなるようにすることである。このテクニックは，根本的にデータに対し量的観点を適用していることになり，どのように質的事例を量的事例の数と等しくするよう重み付けするかという問題が浮上する。最後のアプローチは，サンプリングにおける量的サンプルと質的サンプルの差を受容するというものである。質的研究者は，2つのデータは異なるストーリーを語るのであるから，サンプルサイズが等しい必要はないと主張するだろう（すなわち，量的なものは一般的な傾向を，質的なものは詳細な視点を示す）。これらの可能性のそれぞれを採用した収斂デザインをこれまで見たことがあるので，どの選択肢を選ぶかについては読者にお任せしたい。

　説明的順次デザインでは，量的研究段階において無作為サンプリングが，そ

図7.2　説明的順次デザインのサンプリング

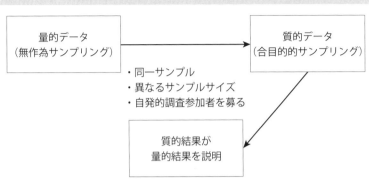

して質的研究段階において合目的的サンプリングが実施される．図7.2で示されるように，「質的サンプルは量的サンプルから抽出されるべきか」，「2つの研究のサンプルサイズは等しくあるべきか，異なるべきか」という問題が浮上する．もしデザインの目的が質的データによって量的結果を説明するというものであれば，明らかに質的サンプルの調査参加者は量的サンプルの調査参加者から抽出されねばならない．したがって，質的サンプルは量的サンプルの一部ということになり，質的データ収集では量的サンプルより少ない調査参加者から情報を収集するため，2つのサンプルの大きさは等しくはならない．質的なフォローアップサンプルの調査参加者を特定するためによく用いられるテクニックとして，質問紙を用いて量的データを収集する際にフォローアップインタビューに協力してくれるボランティアを募るという方法がある．また，説明的順次デザインにおいては，量的研究段階から導出された結果が質的サンプルにどのような質問を行うかを決める上で情報を与える．質的サンプルに含まれる調査参加者は，このような質的研究の質問に回答することができる個人である必要がある．

　探索的順次デザインにおいては，サンプリングのアプローチは説明的順次デザインのものとは逆になる．図7.3で示されるように，量的研究によるフォローアップの段階で用いられるサンプルは，調査の最初に実施される質的研究段階のサンプルとは異なるかもしれない．質的データ収集は合目的的である必要があり，量的サンプルは可能な限り無作為に選ばれる必要がある．しかしなが

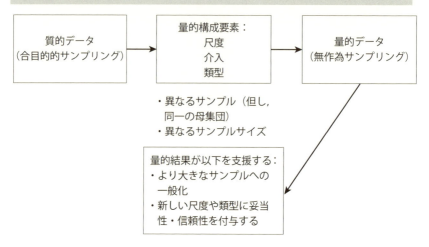

図7.3 探索的順次デザインのサンプリング（原著者に確認の上，訳者が一部修正）

ら，最初の段階は探索的であるため，抽出するサンプルは，問題を検討する上で助けとなる少数の個人を意図的に選択したものとなる。途中の段階において，何か数量的なものを作成（典型的には，新しい測定尺度や測定尺度の修正版，新たな測定指標，または新しい介入手続きの開発）するために，探索的段階から導出された結果をデータとして用いる。そして，作成された数量的要素が，大きなサンプルを用いて検証される。もし最終段階の量的検証が，最初の段階の質的テーマを大きなサンプルに一般化できるのかを判断する目的で用いられるのであれば，2つのデータは同一のサンプルであるか，または少なくとも同一の母集団に属するものである必要がある。しかし，もしデザインの目的が，新しい測定尺度または測定尺度の改訂版，一連の変数，または介入手続きを開発することであれば，2つのデータ収集が同一のサンプルもしくは母集団からのものであるべきという要件はいくぶん緩和されるだろう。したがって，2つのサンプルは，サイズだけではなく，属する母集団の観点からも異なるかもしれない。つまり，サンプルは同一の母集団から抽出されたものであるのが理想的だが，絶対にそうである必要はない。サイズに関しては，2つのサンプルは等しくない。探索的順次デザインの最初の段階と最後の段階においてサンプルは異なる可能性がある。

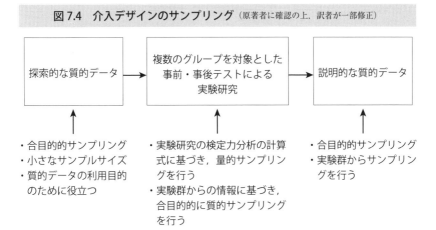

図 7.4　介入デザインのサンプリング（原著者に確認の上，訳者が一部修正）

　応用型デザインでは，サンプリングの手続きは基本型デザインの手続きに従う。というのは，これらの基本型デザインが応用型デザイン内部において中心的役割を担うものだからである。しかしながら，応用型デザインの一例として介入デザインのサンプリングについて検討することは有益であろう。図 7.4 に示されるように，実験研究に至る質的部分では合目的的サンプリングが使用され，研究の実験部分においては量的サンプリング（すなわち，ランダム割付）が使用される。このデザインにおいては，質的サンプリングに検討を加える必要がある。もし質的データが実験に先立って収集されるのであれば，その目的は明確にされなければならない。そして，この目的は，実験に対し最も有益になるように提供される必要がある。例えば，もし目的が，実験に最も適した調査参加者を募るために質的データを実験**前**に収集するというものであれば，サンプリングは実験で求められる調査参加者に意図的に焦点を当てる必要があり，質問はこの意図に貢献するように表現されなければならない。もし質的データが実験の**最中**に収集されるのであれば，サンプルは統制群に含まれる人々なのか，実験群に含まれる人々なのか，両方なのかといった質問が浮上する。通常介入デザインにおいては，混合研究法を用いる研究者は実験群のみから質的データを収集するのだが，これはおそらくリソースに限界があるということと，実験群がどのように処置を経験しているかを知りたいからである。もし，質的

データが実験結果をフォローアップする目的で実験後に収集されるのであれば，この場合もまた，処置を受けるグループであるということから，通常は実験群からサンプルが選ばれる。

> 混合研究法のサンプリング手続きは，特定の混合研究法デザインに従うべきである。研究者はデザインがもつ特有の課題を認識する必要がある。

❖ 統　合

　サンプリングがどのようにしてなされるかは，特定のデザインの中でそれがどのように用いられるかに関連する。同様のことが統合についても当てはまる。統合は混合研究法のプロセスにおいて量的・質的段階が交わる（または互いにぶつかり合う）場所である。モースとニーハス（Morse & Niehaus, 2009）は，これをインターフェイスのポイントと呼び，彼女らのダイアグラムにはデザイン内においてこのインターフェイスを明確に提示するための矢印が含まれる。**統合**は，混合研究法において**混合**（mixing）ということばに代わるものと理解されているかもしれない。**混合**の定義を辞書で引けば，1つのものを他のものに溶解させるとか，1つのものを他のものに繋ぎ合わせるという意味があることを知るだろう。例えば，ケーキの生地には小麦粉が混ぜ合わされている。ケーキにレーズンを加えるとその形はそのまま残るが，それでもレーズンはケーキ生地の中に「ミックスされている」（mixed）といえる。量的データと質的データは1つに溶け合うか，あるいはそれぞれの形を留めることができる。

統合の類型

　統合は，混合型研究における様々な場所において見ることができる（つまり，多くの考え得る場所に矢印を置くことができる）（Fetters, Curry, & Creswell, 2013 を参照）。統合はデータ収集の段階でも見られ，ここでは研究者が閉鎖型回答と開放型回答の両方を含む質問紙調査でデータを収集するかもしれない。統合はデータ分析の段階にも見られ，ここでは研究者が量的データを収集し，

分析し，そして質的データと量的結果を説明する助けとなる質的結果の報告をする。統合は実験においても見られ，ここでは研究者が実験終了後に質的データを収集し，まずは実験結果を，それから質的フォローアップの結果を報告するかもしれない。統合は研究の考察のセクションでも見られることがあり，その場合研究者は質的結果と量的結果を比較することになるだろう。最後に，統合は表やグラフにおいても見られ，調査者は質的結果に対して量的結果を対照的に配置するかもしれない。

研究において統合がなされ得る場所
・データ収集
・データ分析
・結果のセクション
・考察のセクション

量的・質的データの統合には，以下の4つの類型がある。

- データの合体（merging）——量的・質的データの分析結果がまとめられ，比較される時になされる。このデータの合体は収斂デザインにおいて見られる。
- データの説明（explanation）——質的データが量的データの結果を説明するために使用される時になされる。このデータの説明は，説明的順次デザインにおいて見られる。
- データの積み上げ（building）——質的データの結果が，新たな測定尺度の開発，新たな変数の発見，または新たな介入の開発といった，研究の量的段階を構築するために使用される時になされる。このデータの積み上げは，探索的順次デザインにおいて見られる。
- データの埋め込み（embedding）——実験研究に質的データが加えられるといった，質的データが量的データを補強または裏付けるために使用される時になされる。このデータの埋め込みまたは入れ子は，介入デザインにおいて見られる。

図7.5 混合研究法における統合の類型 (Creswell & Plano Clark (2011) より転載)

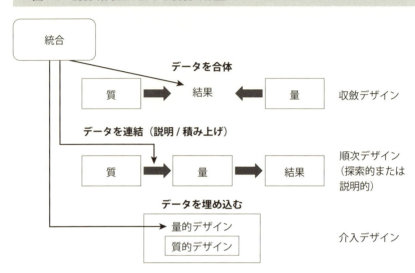

図7.5で示されるように，図表はこれらの異なるタイプの統合を最もよくとらえることができる。

混合型研究における統合をどう表現するか

研究において統合を表現する方法は様々である。データ収集，データ分析の結果報告，または考察や最後の結論部分において，文章によって統合を表すことができる。広い意味で統合とは，異なる研究者一人ひとりによって混合研究法を用いるチームにもたらされるスキルであり，また調査を導く複数の哲学的視座の使用であるといえる。

統合を表現する上でよくある方法は，量的研究と質的研究の結果を隣同士になるように並置し議論することである。このアプローチにおいて研究者は，最初に量的結果を，次に質的結果を検討し，これらの2つの結果がどのように比較され得るかを示す。あるいは，質的研究の結果から始め，それを次に量的研究の結果と比較検討するというものもあろう。この統合のモデルは，収斂デザインを用いる上で一般的である。

第7章 サンプリングと統合の課題

　もう1つのアプローチは、両方のデータベースの結果を説明する図表を作成することである。この図表は、ジョイントディスプレイと呼ばれる。ジョイントディスプレイは、読者が2つの結果を簡単に比較することができるように、結果を示した表や図を並置するものである。このジョイントディスプレイの作成にあたっては、いくつかの方法がある。

- **対照比較型ジョイントディスプレイ**（a side-by-side joint display）は質的なテーマと量的な統計結果を表に並べて配置したものである。さらに、表の最後の列では質的テーマと量的結果の相違点と類似点について検討する。このタイプの表示方法はしばしば収斂デザインにおいて用いられる。この表から研究者はどのように質的・量的結果が収斂するのか、または矛盾するのかを理解することができる。
- **テーマ別統計量型ジョイントディスプレイ**（a theme-by-statistics joint display）はもう1つの方法である。この表示方法においては、質的テーマが横軸に配置され、量的データが縦軸に配置される。セルの中には、語りの引用、頻度数、またはその両方が示される。この表示方法は典型的には収斂デザインにおいて用いられる。統計結果はカテゴリー（例えば、医療助手、医師、看護師といった医療従事者のタイプ）や、連続尺度（例えば、「強く同意する」から「強く同意しない」といった同意のレベル）によって表される。この表から、研究者は質的テーマが数量的データとどのように異なるかを、セルの中の情報を検討しながら評価することができる。
- **結果追跡型ジョイントディスプレイ**（a follow-up results joint display）は説明的順次デザインに用いられる。このタイプの表示方法は、表7.1 で示されるように、量的結果を1列目に、質的なフォローアップの結果を2列目に、そしてどのように質的結果が量的結果を説明するかを最終列に提示する。この表から、読者は量的結果を質的データがどのように説明しているかを判断することができる。
- **量的測定尺度または測定指標開発型ジョイントディスプレイ**[1]（a building into a quantitative instrument or measure display）は、探索的質的段階と、量的測定尺度または測定指標のデザイン段階との統合を示すことに役

表7.1 説明的順次デザインのジョイントディスプレイによる統合

量的研究の結果	量的研究の結果を説明する質的フォローアップ・インタビュー	質的研究の結果はどのように量的研究の結果を説明しているか
教師の経験がより豊富で，そのプログラムの教材をより積極的に活用するほど，生徒の得点も高くなる。	テーマ： より経験豊富な教師は，そのプログラムの教材を進んで使用していた。 より経験豊富な教師は，そのプログラムの教材を自身の指導の中に融合することができていた。 より経験豊富な教師は，学校の取り組みに進んで従っていた。	モチベーションと意欲が説明として浮上していた。教師がどのように教材を融合させていたかが，説明の中で浮き彫りになった。

立つ。探索的順次デザインにおいては，新しい測定指標や測定尺度を開発する上で質的データをどのように使用するかということが課題の1つである。このタイプのジョイントディスプレイでは，研究者は探索的な質的結果を1列目に，2列目には質的結果から導出した測定指標や変数を，そして最終列には測定指標や変数がどのように新たな下位尺度や測定尺度を作り上げたかを提示することができる。このようにして，読者はどのように最初の質的な段階が次の量的段階に活かされるかを理解することができる。この表の変形は，1列目に語りの引用，コード，そしてテーマを分類して配置し，次の列に（語りから変換された）質問項目，（コードから変換された）変数，（テーマから変換された）下位尺度といった，測定尺度に含まれる要素の例を記載することである。

これらは出版された混合型研究論文で使用され始めた，量的・質的結果の統合をジョイントディスプレイで表現するいくつかの例である。他の例としては，グラフに表された情報（例えば，特定の量的変数や，地域に付随する語りの引

---

1 以下の書籍では，「尺度開発型ジョイントディスプレイ」という名称を使用している。
抱井尚子（2015）．混合研究法入門―質と量による統合のアート　医学書院

用や質的テーマにおいて異なる地域の地理情報システムグラフ），調査参加者や事例によってまとめられたジョイントディスプレイ，そして質的データの定量化を示したディスプレイが挙げられる。

本章のまとめ ❖

　本章では，サンプリングおよび混合型研究における統合の課題について学んだ。混合型研究のサンプリングデザインは，量的・質的の両方において厳密に行うことをアドバイスする。さらに，サンプリングの手続きは，混合研究法デザインのそれぞれの類型から検討される必要がある。統合は混合型研究においてもう1つの重要なポイントである。これはプロジェクトのデータ収集，データ分析，そして考察または結論のセクションに含めることが可能である。アドバイスとしては，統合の方法を，結合，説明，積み上げ，または埋め込みのいずれかから特定することと，質的・量的結果を表やグラフとして並置するジョイントディスプレイを用いて統合を表すことである。

さらに詳しく学びたい人のために ❖

Bryman, A. (2006). Integrating quantitative and qualitative research: How is it done? *Qualitative Research, 6*, 97-113. doi: 10.1177/1468794106058877

Creswell, J. W. (2012). Educational research: Planning, conducting, and evaluating quantitative and qualitative research. Boston, MA: Pearson.

Fetters, M. D., Curry, L. A., & Creswell, J. W. (2013). Achieving integration in mixed methods designs: Principles and practices. *Health Services Research, 48*, 2134-2156.　doi: 10.1111/1475-6773.12117 .

Fowler, F. J., Jr. (2008). Survey research methods (4th ed.). Thousand Oaks, CA: SAGE.

Guetterman, T., Creswell, J. W., & Kuckartz, U. (2016). Using visual displays in mixed methods research. In M. McCrudden, G. Schraw, and C. Buckendahl (Eds.), *Use of visual displays in research and testing: Coding, interpreting, and reporting data*. Charlotte, NC: Information Age Publishing.

Lipsey, M. W. (1990). *Design sensitivity: Statistical power for experimental research*. Newbury Park, CA: SAGE.

第8章
出版用に混合型研究論文を執筆する

❖ 本章で取り上げるトピック ❖

- 混合型研究論文を出版する上で適した学術雑誌
- 混合型研究論文出版の際に用いられる評価規準
- 混合型研究論文出版の類型
- 執筆における一般的なガイドライン
- 文章構成とデザインの類型

❖ ふさわしい学術雑誌を探す ❖

　混合型研究論文は量的データ収集・分析と質的データ収集・分析の両方を含む必要があるため，長くなる傾向があることは周知の事実である。これに加え，2つのデータの統合について議論するスペースも求められる。ほとんどの学術雑誌には，長い論文を収めるスペースはまったくない。この問題をさらに複雑にしているのが，読者に混合研究法について教育もしなければならないことである。

　論文執筆者であれば知ってのとおり，混合型研究論文を出版するための適切な学術雑誌を探すことは，非常に重要なことである。経験的研究については，そのトピックとアプローチが投稿先となる学術雑誌に合致していなければならない。混合研究法は比較的新しい方法論であるため，どの学術雑誌に論文を投稿するべきかという質問が執筆者からしばしば寄せられる。混合研究法を用いた調査研究（つまり混合型研究）を出版する学術雑誌には大まかに3つの種類

がある。

1. 混合研究法のみを出版する学術雑誌がある。その数は現在増えつつあるのだが,取り敢えず下記のリストをここでは挙げておく。
   a. *Journal of Mixed Methods Research*
   b. *International Journal of Multiple Research Approaches*(*online journal*)
   c. *Field Methods*
   d. *Quality and Quantity*
2. その他,混合研究法を用いた研究に理解のある学術雑誌で,しばしばこれらの論文を出版する学術雑誌には以下がある。
   a. *International Journal of Social Research Methodology*
   b. *Qualitative Inquiry*
   c. *Qualitative Research*
   d. *British Medical Journal*(*BMJ*)
3. 最後のカテゴリーには,これまでに混合型研究を出版したことのある学術雑誌を含めることとする。その数は増えつつあるのだが,以下ではほんの数誌の例だけ挙げておく。
   a. *Annals of Family Medicine*
   b. *American Educational Research Journal*
   c. *Circulation*

❖ *JMMR* 論文の評価に用いられる規準

2007年,私は *Journal of Mixed Methods Research*(*JMMR*)を共同創刊した。約4年にわたり,私は300本ほどの混合研究法を用いた研究論文の評価を行った。時間の経過とともに,私は,混合研究法のすべての経験的研究の中に,そこにあってほしいある特徴を探すようになった。混合研究法の原稿が届くと,私は以下の方法でその原稿が査読に回すべき混合研究法を用いた調査か否かを判断した。

- まず方法のセクションに目をやり,研究において質的データと量的データの両方が含まれているかを確認した。
- そして,論文全体に目を通し,著者が実際に2つのデータベースを「統合しているか」,つまり組み合わせているか,を確認した。混合研究法を用いた優れた調査研究は,データベースが統合されていた。時おり,なぜ,どのように,著者が実際に2つのデータベースを統合したのかを見極めることが難しかったことは認める。ただし,結果と考察のセクションを見ると,その部分に関する答えがわかることがしばしばあった。
- 次に,著者が混合研究法の文献に精通しているか,最近の混合研究法の書籍からの引用があるか,を確認した。
- 最後に,研究の中に著者が埋め込んだ混合研究法の特性に私は興味があった。例えば次のようなことである。著者はなぜ量的・質的両方のデータを使用し統合したのか,その理由を述べているのか。タイトルの中に「混合研究法(または混合型研究)[1]」ということばを入れているか。混合型研究の研究設問やジョイントディスプレイといったものを使用しているか。論文は方法論的なものか,それとも混合研究法を用いた経験的研究か。これらの付加的な特徴が,混合研究法の厳密なプロジェクトとして研究を際立たせる。

2つの混合研究法論文

共同編集者とともに *Journal of Mixed Methods Research* の内容を決める際に,私たちは2つのタイプの原稿が投稿されてくるのを想定した。それらは,混合研究法を用いた経験的研究論文と,混合研究法を用いた調査をどのように実施するかについての方法論的論文である。そして,まさにこれら両方のタイプの原稿が送られてきた。

---

[1] 訳者による追記。

方法論的論文

　方法論的（または理論的）論文からは，これらが妥当性検証の方法を論じていようが（Leech, Dellinger, Brannagan, & Tanaka, 2009），混合研究法を用いた調査をどのように出版するかを論じていようが（Stange, Crabtree, & Miller, 2006），健康格差（Stewart, Makwarimba, Barnfather, Letourneau, & Neufeld, 2008）や緩和医療（Farquhar, Ewing, & Booth, 2011）といった特定の領域において混合研究法をどのように利用できるかを論じていようが，混合研究法を用いてどのように研究を行うかについて学ぶことができる。これらの方法論的論文には共通の構造があり，しばしば混合研究法に関する概要から始まる（例えば，Farquhar et al., 2011; Stewart, et al., 2008）。この概要は，下記の質問に回答するものである。

- 混合研究法とは何か
- この方法論には，なぜ混合研究法という専門用語が用いられるのか
- 混合研究法を用いる上での鍵となる前提は何か
- なぜ混合研究法を用いるべきなのか
- どのように混合研究法を用いるべきなのか（例：デザイン）
- 混合研究法によって付加される価値とは何か（例：ベネフィット）
- 混合研究法を用いる上での課題は何か

経験的研究論文

　混合研究法における経験的研究とは，著者が研究課題の内容（例：疾病領域）について混合研究法を当該研究の方法論として用いて実施する調査のことである。この手の研究を，学術雑誌に投稿するために執筆する時には，研究課題の内容に新たな知見をもたらすものである必要があり，同時に混合研究法の様々な要素に考慮したものでなければならない。

　混合型研究は長く，ページ数が多い傾向があるが，これは2つのタイプのデータ収集および分析と，それらのデータの統合という構成で報告するスペー

スが必要になるからである。一部の学術雑誌は，制限単語数（英語）を 3,000 もしくは多くても 6,000 に抑えており，これは混合型研究論文にはかなり短い。他の学術雑誌はより単語数の制限が緩い。例えば，*Journal of Mixed Methods Research* の制限単語数は 8,000 ～ 10,000 語である。

　論文が長いことが問題となる場合，検討すべきことはどのようにして論文を短くするかである。これについて考える 1 つの方法は，シリーズの論文として出版されたものを注意深く吟味することである。これらは，1 つは量的研究論文として投稿されたもの，1 つは質的研究論文として投稿されたもの，そして 3 つ目は混合型研究論文として投稿されたものである。共同研究者とともに私はこのアプローチを用いて調査を実施してみた。そして，私たちが担当するクラスの 1 つの授業で，同一の研究が元となった 3 つの研究論文を学生に読んでもらい，混合研究法の専門学術雑誌に掲載された「総括としての」論文では何が短縮されているかを尋ねてみた。それにより，第 3 のタイプである，総括としての混合型研究論文では，一般的に，量的・質的研究の方法についての議論が短縮されていることがわかった。また，これらの論文の著者は，「総括的」論文において量的研究結果もしくは質的研究結果のどちらかを中心にまとめることで，量的・質的研究結果のすべてを提示する必要性を回避していた。最後に，著者は，議論に必要となるスペースを省くために表を利用して情報を要約していた。これらはすべて，制限単語数を低く抑えた学術雑誌に投稿するために，長い混合型研究論文をより短く，扱いやすい長さの論文に圧縮するための有益な戦略である。

　上述した例から明らかなように，混合研究法を用いた経験的研究論文を執筆する上で役に立つ考え方は，1 つの研究から 3 つの論文を生み出すというものである。この時，3 つの論文とは，量的，質的，そして総括としての混合型研究論文のことである。これらの論文は異なる学術雑誌に投稿される。投稿の順序は，質的・量的研究論文を最初に，その後で混合型研究論文を執筆することとなる。このアプローチが用いられる場合，読者がこれら 3 つの論文がすべて混合研究法を用いた単一の調査に属することがわかるよう，著者は 1 つの出版物から別の出版物へと相互に引用し合うクロスリファレンス（別名「クロスウォーク」）を提供する必要がある。4 つ目のタイプの論文は研究において使用さ

れたユニークな混合研究法の手続きを議論するもので，これを単一の研究プロジェクトをもとに出版された3つの研究論文にさらに加えることができるだろう。

混合型研究論文をどのように出版するかについて取り上げた論文は少ないが，例外として，Stangeら（2006）によるマルチメソッド研究の出版に関する論文が挙げられよう。著者らは，プライマリ（ヘルス）ケアでよく用いられる5つの戦略を推奨している。

- 量的・質的研究を，それぞれにクロスリファレンスを付けて別々に出版する。
- 並列的または順次的な量的・質的論文を同一の学術雑誌に出版する。いくつかの学術雑誌は，このように複数の論文を出版するアプローチを許容している。
- 「統合された」論文を，付録またはオンラインのリソースサイトに詳細を掲載して出版する。私はこれを「総括」としての混合型研究と見なしているのだが，研究方法についての詳細を別の場所に書くことによって短縮が可能となっている。
- 質的・量的研究論文を別々に出版し，それらから包括的に学んだ教訓に焦点を当てる3つ目の論文を出版する。この3つ目の論文は，「総括」としての混合型研究となり，長めの，詳細に書かれた方法のセクションを含むものとなる。
- オンラインで議論ができる場に研究結果を出版する。これは，長い原稿には魅力的なフォーマットである。経験的研究論文をオンラインで出版する学術雑誌は近年より一般的になりつつある。

これらは単一のプロジェクトから複数の原稿を生み出すための有益なアドバイスであり，多くのスタッフを巻き込んで大規模かつ長期にわたって実施される助成金を受けたプロジェクトが，制限単語数の異なる学術雑誌に論文を出版する際に最も関係してくると思われる。

混合研究法の経験的研究論文を執筆する上でさらに考慮するべきことは，混

合研究法を用いた研究の特性について読者を教育することである。これは現行の方法のセクションでできるだろうが，少なくとも読者は，混合研究法の定義，混合研究法を使用する意義，論文が扱う当該研究分野における混合研究法の利用可能性について理解する必要がある。先行研究には，含まれ得る一般的なトピックに関する多くの様々な「鋳型」的な例がある。例えば Creswell and Zhang (2009) の論文では，混合研究法（方法論としての適切な用語）の起源，混合研究法の定義，混合研究法の核となる特徴，当該分野における統合の特定の形態，そして広く使用されている混合研究法デザインについて議論している。

デザインを反映した経験的研究論文の構造化 ❖

　出版された経験的混合型研究論文の構造が論文によって異なることは，かなり顕著なはずである。しかしながら，これらの構造について詳細に検討することで，構造の違いがデザインによるものであることがわかる。出版された混合型研究論文の構造を調べるために，使用を計画しているデザイン（例えば，収斂デザイン）を用いた 20 本ほどの研究論文を探し出し，結果と考察のセクションを注意深く読み，議論の流れを検討することを勧める。この分析によって，使用する特定のデザインの構造に対するイメージが膨らむだろう。筆者は実際にこの分析を行った。そこで以下では，混合研究法デザインの主要な類型について筆者がこの分析から見出した構造にハイライトを当てる。ここでは，2 つのポイントが重要となる。

1. 執筆または作文の構造は，デザインの類型，より具体的には，研究デザインの量的，質的，そして統合の段階に沿った順序に合致する必要がある。
2. 混合型研究の構成要素は，一般的に，研究論文の**方法**，**結果**，そして**考察**のセクションに見出すことができる。故に，以下の例では，これらのセクションを斜体で表記する。

収斂デザインの構造

　本書の読者は，収斂デザインが，鍵となる共通の研究設問に対し2つの解釈を生み出すために，量的・質的データベースを合体するというデザインであることを思い出すだろう。2つのデータベースが1つになる前に，研究者はそれぞれのデータベースを別々に収集・分析する。したがって，収斂デザインを用いた混合型研究論文の**方法**のセクションでは，量的・質的それぞれの**データ収集**と**データ分析**のセクションを別々に書くことになる。量的・質的研究のセクションのどちらが先に来るかは問題にはならない。ポイントは，2つの研究が別々になっていることである。それぞれのタイプのデータ分析の結果は別々に報告書の**結果**のセクションに記載される。2つのデータベースの統合は，しばしば論文の**考察**セクションに現れる。ここで，「対照比較」を行うことになる。収斂デザインを用いる研究者がジョイントディスプレイを含めるとすれば，(研究の限界，利用可能な先行研究，そして研究の今後の方向性とともに) **結果**もしくは**考察**に挿入することになるだろう。

説明的順次デザインの構造

　説明的順次デザインでは，プロジェクトを量的段階から開始し，その結果を説明するために質的段階が続くということを思い出すだろう。したがって，このデザインを用いた論文では，**方法**のセクションはまず量的データ（例えば，尺度）を取り上げ，続いて質的データ（例えば，インタビューの手続きや質問）を取り上げることになる。次に，**結果**のセクションは，3つの部分を含むことになる。それらは，(a) 量的な統計結果に関する議論，(b) さらに説明が必要な量的結果の要素に関する議論（例えば，統計的に有意な結果，有意でなかった結果，外れ値，人口統計学データ），そして，(c) 量的結果を説明する上で役立つ質的研究結果，である。**考察**のセクションは，当該デザインのアイデアの流れ（その他にも研究の限界，利用可能な先行研究，そして今後の研究の方向性といった情報）を反映した3つのすべてのステップの主要素をまとめることで，このアイデアの流れを強固にする。

探索的順次デザインの構造

　探索的順次デザインでは，質的な探索的段階から開始し，それを測定尺度の開発や介入の教材作りといった量的な第2段階につなげ，第3段階で実際にこれらの測定尺度や教材を母集団より抽出したさらに大きなサンプルを用いて検証するものであることを思い出すだろう。このデザインの類型を用いた論文の構造は，**方法**のセクションにおいて質的データ収集および手続きと，その後に続く量的データを提示する。**結果**のセクションでは，まず質的研究結果を報告し，次に質的研究結果を基に開発された量的ツール（例えば，測定尺度）について記述し，そして最後にそのツールの量的な検証結果を報告する（要するに，3つのセクションがなければならない）。**考察**のセクションは，手短にではあるが，**結果**で述べた3つのセクション（その他にも研究の限界，利用可能な先行研究，そして今後の研究の方向性といった情報）を繰り返し述べることになる。

介入デザインの構造

　混合研究法の介入デザインでは，実験前（例えば，効果のある介入試験をデザインするため），実験中（例えば，介入試験のプロセスにおける参加者の経験を理解するため），または実験後（例えば，量的研究結果を質的データ収集・分析を用いて説明するため）のような，介入試験の異なるタイミングにおいて質的データが収集される。このデザインは，混合研究法の基本型デザインにプラスアルファ（すなわち，介入試験）が加えられているため，混合研究法デザインの「応用型」とみなされる。介入試験デザインでは，**方法**のセクションに，介入試験（または実験）に関する説明と，それに続く質的データの収集・分析に関する説明を入れることになる。**結果**のセクションには，介入試験の結果や質的テーマを入れることになる。これらのトピックの発表の順序は，研究においてどのように質的データが用いられるかによって決まる（質的データが介入試験前に使用される場合は，質的テーマが最初に，次に実験について報告される。質的データが実験中に使用される場合は，質的データが実験結果と統合される。そして，質的データが実験後に使用される場合は，介入試験の結果が最

初に，次に質的研究結果が報告される）。**考察**のセクションでは，執筆者は介入結果と質的研究結果を再検討し，質的研究結果がいかに介入試験に新たな洞察を提供しているかについて，情報を加える（前述したとおり，その他にも研究の限界，利用可能な先行研究，そして今後の研究の方向性といった情報も**考察**に加える）。

CBPR 混合型研究デザインの構造

「応用型」デザインの1つの用い方として，基本型デザインに理論的視座を組み込むものがある。理論的視座（あるいは哲学的アプローチ，または単に社会的公正アプローチ）の優れた例は，参加型アクションリサーチ（community-based participatory research: CBPR）に見出すことができ，ここでは CBPR が研究全体を貫く包括的枠組みとなる。CBPR には研究のあらゆる側面に関わるステークホルダー（利害関係者）が関与している。したがって，理想的な論文の執筆スタイルは，ステークホルダーが研究の各段階においてコミュニティとどのような関わりをもったかを彼らの視点から記述することである（例えば，研究設問の形成段階，データ収集段階など）。**方法**のセクションはステークホルダーが関与した研究段階について説明することになる。**結果**のセクションはプロジェクトにおいて用いられた基本型デザインに依拠した情報を提示し，**考察**のセクションではどのようにステークホルダーがプロジェクトにさらなる洞察を加えたのかについて詳述することになる（その他にも研究の限界，利用可能な先行研究，そして今後の研究の方向性といった情報も加える）。

❖ 発表論文に加えるべき項目のチェックリスト

混合研究法を用いた経験的研究論文を学術雑誌に投稿する際に論文執筆者が参考にできるチェックリスト（表 8.1 参照）があれば心強いだろう。このチェックリストは博士論文や修士論文を提出する際や，国や財団の研究助成金を申請する際にも利用できる。チェックリストの項目の順序は，出版された論文にこれらの項目が現れるであろう順序を反映している。

表 8.1　混合研究法論文を投稿する際に含めるべき要素のチェックリスト

- 混合研究法（または混合型研究[注]）をタイトルに含める
- 研究において使用する混合研究法デザインのタイプを要旨（アブストラクト）のところに加える
- 混合型研究を用いることで問題にとってどのような利点があるのかを記述する（混合型研究を用いる理由付け）
- 混合型研究の研究の狙いまたは目的の言明を書く
- 量的，質的，そして混合型の研究設問を書く
- 研究を支える世界観や理論の使用（社会科学，変革の視座）について述べることを検討する
- 厳密な混合型研究の要素を含める
    - 混合研究法を用いる利点について議論する
    - 使用する混合研究法デザインの類型を特定する
    - 手続きダイアグラムを提示する
    - 方法論的課題を特定する
    - 量的・質的データ収集および分析について述べる
    - 研究倫理の問題について議論する
    - 妥当性について議論する
- 使用した混合研究法デザインに合致した方法で結果を報告する
- 量的・質的データの統合について議論する

注）訳者による追記。

本章のまとめ ❖

　混合型研究の論文を読み，それらがどのように書かれているか（特に，方法，結果，考察に関して）に好奇心旺盛になれば，多くのことを学ぶことができる。混合型研究の論文の構造に注意を向ける必要がある。投稿先となる学術雑誌がもつ傾向，経験豊富な混合研究法を用いる研究者が使用する研究の評価規準，そして学術雑誌が論文に求める特別な要件（例えば，制限単語数）にも

注意を払う必要がある。厳密な混合型研究は，混合研究法の多くの要素を含むため，出版できる論文を執筆するためにチェックリストを参考にすることは有益である。

❖ さらに詳しく学びたい人のために

投稿先となる学術雑誌の情報については，下記を参照されたい。
・Cabell's Directories of Publishing Opportunities（www.cabells.com/index.aspx）
・Ulrich's Web（www.ulrichsweb.com/ulrichsweb）
・The University of North Carolina at Charlotte's, 2011 list（http://guides.library.uncc.edu/coed_faculty）

論文執筆におけるアドバイスについては，下記の文献を参照されたい。

Creswell, J. W., & Plano Clark, V. L. (2011). *Designing and conducting mixed methods research* (2nd ed.). Thousand Oaks, CA: SAGE.

Dahlberg, B., Wittink, M. N., & Gallo, J. J. (2010). Funding and publishing integrated studies: Writing effective mixed methods manuscripts and grant proposals. In A. Tashakkori & C. Teddlie (Eds.), *SAGE handbook of mixed methods in social and behavioral research* (pp. 775-802). Thousand Oaks, CA: SAGE.

O'Cathain, A. (2009). Reporting mixed methods projects. In S. Andrew & E. J. Halcomb (Eds.), *Mixed methods research for nursing and the health sciences* (pp. 135-158). West Sussex, UK: Blackwell.

Sandelowski, M. (2003). Tables or tableaux? The challenges of writing and reading mixed methods studies. In A. Tashakkori & C. Teddlie (Eds.), *SAGE handbook of mixed methods in social and behavioral research* (pp. 321-350). Thousand Oaks, CA: SAGE.

Stange, K. C., Crabtree, B. F., & Miller, W. L. (2006). Publishing multimethod research. *Annals of Family Medicine, 4*, 292-294. doi: 10.1370/afm.615

第9章
混合型研究の質を評価する

❖ 本章で取り上げるトピック ❖

- 混合型研究を評価するための規準は使用すべきか
- *Journal of Mixed Methods Research* で用いている評価規準
- 文献にある利用可能な評価規準
- NIH による「ベストプラクティス（Best practices）」からのアドバイス

❖ どのように規準は適用されるか ❖

　混合研究法の分野が成長・成熟していくにつれ，このアプローチを用いた研究の質を評価する規準またはガイドラインについて著者や研究者が検討し始めるようになるのはごく自然なことである。成熟した科学の分野には，研究者がプロジェクトを精査し，研究を評価するための規準がある。しかしまた，分野が成熟するにつれ，質が高いとはどういうことか，異なる学問分野に属する人々が質の特性について合意できるのか，といったことに関してしばしば見解の不一致も起こる。これまで，混合研究法の分野においては，学術雑誌，研究助成金提供機関，または教員や学生が個人的に使用するものなど，利用可能な数多くの評価規準が出現してきている。疑う余地もなく，混合研究法は発展途上にあり，このアプローチを用いた研究の質を評価する上で絶対的な規準というものは存在しない。

　表立って認めるか否かは別として，読者はそれぞれに異なる規準を使用している。一般的に学術雑誌には，ガイドラインのところに，投稿論文の質を評価

する際に査読者が使用する規準をリストしたページが含まれている。これらのガイドラインが非常に詳細に富んだものとなっている場合もあれば，より抽象的で一般的な場合もある。混合研究法の分野では，執筆者が方法論的論文または経験的研究論文（第8章参照）を投稿する先の学術雑誌には，論文の質を評価するために査読者が用いるガイドラインがある。研究助成金提供団体もまた，助成対象となる申請書類や研究計画書を評価する際に査読者が用いるための規準を明記している。これらの規準は簡単にアクセス可能なウェブサイト上に掲載されている。書籍の出版会社については，今日の混合研究法がもつ，質を評価するための様々なガイドラインを特定のウェブサイトに見つけることができる（例えば，http://mmr.sagepub.com）。

最後に，学生指導にあたる大学の教授陣にも，博士論文，修士論文，そして研究報告書の質を評価するための規準がある。これらの規準は，時に学生の筆の力に対する教授陣の関心を反映していたり，特定の内容に関するトピック（例えば，先行研究調査は十分になされているかといった問い）を取り上げている。混合研究法が新しい研究方法の領域であり，クラスの数も少ないながらも増え続けていることを鑑みると，大学教員は混合型研究を評価するための堅固な規準一覧を持ち合わせているのかもしれないし，持ち合わせていないのかもしれない。学術雑誌や連邦政府機関が提案するガイドライン，または混合型研究の質について扱った学術雑誌論文に掲載されている規準を利用する教員もいるかもしれない。より多くの大学教員が混合研究法の基本的な考え方（例えば，第1章で提示した核となる特徴）に精通するようになれば，どのように混合型研究を評価するべきかについて，意見の一致が見られるようになるかもしれない。

❖ 評価規準は必要か

この問題に関しては，研究者の間で意見が二分されていることは確かであろう。そこで，混合型研究の質の評価に規準を使用することの賛否両論を検討することが有益であろう。肯定的な側面として，学術雑誌の査読者が混合型研究プロジェクトを評価する際に適用する何らかの規準が必要となることは事実である。編集委員会が大きく，不定期に投稿論文の評価の手伝いを請け負う査読

者も多い場合，何らかの規準があることは助けとなる。連邦研究助成機関（そして，私的財団）についても同じことがいえる。申請書類を評価する査読者が大勢委員会にいる場合，混合型研究に助成金を交付すべきか否かに関し恣意的な意志決定がなされぬように規準が必要であるという立場を，研究助成機関はこれまで採ってきている。

　分野によって，評価規準に関する見解は異なるようである。健康科学の分野では，それが検査，診断，外科的治療のいずれのプロトコール[1]であろうが，規準の使用は広く行き渡っている。健康科学の領域で働く者にとって，プロトコールは日常的な存在である。したがって，混合研究法が規準をもつことは当然のことであり，健康科学分野の臨床家や研究者にとっては職業生活の範囲内のことである。一方，社会科学においては，プロトコール，チェックリスト，そして規準はあまり使用されない。むしろ社会科学の研究者は，他の研究者によって開発された尺度を，自身の研究参加者に合わせ，改良して使用するだろう。

　人間研究を取り巻く文脈は大きく異なる。そしてこのことは，グローバルな舞台においてはまったく疑う余地もなく，そこではローカルな状況が研究プロセスに大きく影響している。社会・行動科学の分野の質的研究者は，長年にわたって，予め用意されたひととおりの質問項目や尺度を用いて研究参加者から情報を収集することで彼らの視点を制限してしまうことより，彼らが自身の見解を提供することを可能にする，開放型の情報収集手続きを採ることを信奉してきた。一方量的研究者は，規準を使用してそれらを信じる傾向が高く，例えば個人を取り巻く文脈がいかに特殊であろうと，行動パタンというものは測定や評価が可能な，ある種の順序立った連続性の中に収まるものであるという前提をもつ。

　最後に，評価規準に関するもう1つの議論は，どのように研究を行い，それがどのように評価されるかについて明確なガイドラインを必要とする，駆け出しの研究者からしばしばもたらされる。基本原則にまったく精通していないため，駆け出しの研究者には工夫や創造の経験がない。

　その一方で，もちろん，研究アプローチに関する評価規準やガイドライン

1　実施計画書。

をもつことをデメリットとして見ることもできる。ガイドラインは個人，集団，助成金提供機関，大学教授からなる審査委員会などによって作成されるものである。これらの個人や集団が，自分たちがやっていることを理解しているのかどうか，誰が判断することができるのだろうか。これはパワーの問題であり，その時代の知識を誰がコントロールするかの問題になる。時に，ガイドラインを生み出す者たちは，自身の利益を追っているのであり，自身の計略を遂行するために研究のあり様をコントロールしたがる。ゆえに，時おりガイドラインが望ましくない結果をもたらす可能性がある。

　ガイドラインのもう1つの否定的側面は，何が受容可能で何が受容可能でないかに関する枠組みを作り出すことである。これは，個々人の創造力を制限し，実質的には混合研究法導入の速度を下げるだろう。経験豊かな研究者はガイドラインの許容範囲内に自身の混合研究法のプロジェクトを適合させる必要性を感じ，それゆえに混合研究法にもたらし得る独自性を制限することになってしまうだろう。疑う余地もなく，経験豊富な研究者は規準に縛られることを嫌い，混合研究法による自身のプロジェクトを創りあげる自由を要求する。これらの研究者は方法論の基礎を修得した上で，自身の研究を発展させるためにこのような構造を超越したところでプロジェクトを創造したいと望むだろう。

　最後に，規準やガイドラインをもつことに反論することは，これらのガイドラインに関する統一見解は断じて存在し得ないという考えにたどり着く。混合研究法における古典的な事例は，19名の異なる専門家から混合研究法の作業定義を聞き出し1つの定義を創り出そうと試みた，ジョンソン，オンウェノブージーおよびターナーによる論文（Johnson, Onwuegbuzie, & Turner, 2007）である。これらの定義を読んでいくうちに，混合研究法の定義という極めて基本的なことでさえ，研究者の考えは多様であり，見解の一致をみることは至難の技であることがわかってくる。

　筆者が有する特定の立ち位置は，混合研究法の論文の質を評価するために規準を設ける方向にある。筆者は以下のように考える。

- 評価規準は，査読者や評価者に論文の質の評価に有益なガイドラインを提供することで混合研究法の分野を発展させるであろう。

- 評価規準は健康科学においては必要不可欠なものであり，そこではガイドラインやプロトコルが臨床および医療実践・研究の中核をなす。
- 評価規準は，社会科学，行動科学，健康科学を横断して最も広く応用可能になるよう，一般的な表現で表される必要がある。

　結果として，筆者が執筆した書籍には，使用される数々の評価規準に関するチェックリストと議論が紹介されている。これらを含めた理由は，筆者が健康科学に業績をもっていることと，評価規準が駆け出しの研究者の助けになる（と聞いている）からである。

学術雑誌 JMMR で使用した評価規準　❖

　筆者の共同研究者と筆者が Journal of Mixed Methods Research（JMMR）を創刊した際には，論文査読者用に無論ガイドラインが必要だった。JMMR の査読者には約 25 名の編集委員会メンバーと，世界中の様々な地域から特殊なトピックや内容について審査を行うおよそ 200 名の不定期な査読者がいた。JMMR が扱う領域は学際的でもあり国際的でもあった。さらに，この学術雑誌を発展させていく過程で，2 つのタイプの原稿が投稿されてくることに気づいた。それらは，特定のテーマについて，そのテーマを研究する方法論として混合研究法を用いた著者が実施した経験的研究論文と，混合型研究の実践を発展させる情報を著者が伝える方法論的論文（例えば，妥当性やデザインの類型について）であった。

　原稿を投稿する執筆者とそれらを評価する査読者のために設けられたガイドラインを見ると，2 つの方法で規準が使用されていることがわかる。つまり，原稿のタイプには経験的研究論文と方法論的論文があり，それぞれのタイプの論文に対し評価規準が設けられている。SAGE 出版ウェブサイトの Journal of Mixed Methods Research のところへ行き，これらのガイドラインを確認することができる（www.sagepub.com/journals/Journal201775#tabview=manuscriptSubmission）。これらを検討し，その特徴の違いを確認するとよいだろう。

経験的研究論文に関する JMMR の評価規準

　混合研究法を用いた経験的研究論文の一般的な定義は，社会，行動，健康，または人文科学における経験的な混合型研究を報告している論文である。これらの原稿は以下の条件を満たしていなければならない。

- データ収集と分析の報告，結果の統合，そして質的・量的アプローチまたは方法を用いた推論の導出を実施することで，混合型研究の定義に合致している。
- 研究の量的な側面と質的な側面を明確に統合している。
- 研究者の専門分野における特定領域に貢献していることに加え，混合研究法の文献に新たにどのような知見を加えるのかを議論している。

　統合について示していない，またはどのように混合研究法の先行研究に新たな知見をもたらすのかを議論していない原著論文原稿は執筆者に返却される。
　評価規準は以下を含む。

- 取り上げている問題の注目度
- 理論的枠組み
- 研究設問と混合研究法デザインの適合性
- 混合研究法デザイン
- 混合研究法サンプリング
- 混合研究法分析と統合
- 議論がもつ洞察の深さ
- 執筆の質
- 結論の質
- 混合研究法の文献に対する貢献
- JMMR の読者にとっての関心

方法論的 / 理論的論文に関する JMMR の評価規準

　ここで取り上げる論文は，混合研究法に関する知見の発展に寄与する方法論的または理論的課題を議論するものとして定義される。これらの論文は，以下を満たしている必要がある。

- 混合研究法に関する重要な話題を取り上げている
- 既存の先行研究を十分に包含している
- 混合研究法に関する理解を深めることに貢献している

　評価規準は以下を含む。

- 重要な話題を取り上げているか否か
- 先行研究の十分な検討
- 議論の説得性
- 提言の新規性
- 執筆の質
- 混合研究法の文献に対する貢献
- JMMR の読者にとっての関心

　これらのガイドラインは研究者に規準を示すように見えるが，最も一般的な用語でアイデアを提示しているのである。例えば，デザインの類型が経験的研究論文のガイドラインで規定されているわけではないし，方法論的論文においてもこのトピックが制限されているわけでもない。それぞれのタイプの論文がもつ定義が，学術雑誌が求める原稿の形態という観点から有用な境界を創り出すのである。

混合研究法に利用可能な規準 ❖

　研究の評価規準は，学術雑誌，研究助成団体，私的財団，分野や領域，ま

たはワークショップにとって新しいことではない。しかしながら，新しさはそれらが混合研究法にも用いられ始めたところにある。例えば，国立科学財団（National Science Foundation: NSF）は 2002 年版使いやすいプロジェクト評価のハンドブック（www.nsf.gov/pubs/2002/nsf02057/start.htm）を発行し，ここには混合型研究の評価のセクションも含まれている。2008 年，ロバート・ウッド・ジョンソン財団のウェブサイト上に掲載された質的研究ガイドラインプロジェクト（www.qualres.org/）は混合型研究プロジェクトの質的構成要素のためのガイドラインを提供した。これらのガイドラインは，ウェブサイト上の研究法に関するコンテンツをデザインする上で見本として利用されるのみでなく，NIH の行動・社会科学研究室に対しても，質的研究法の「ベストプラクティス」（第 6 章で言及。以下の議論を参照されたい）に対しても有益な考えを提供している。2010 年には，米国国際開発庁（The United States Agency for International Development: USAID）が混合型研究の評価を実施する際の手引を発行し，医学教育における混合研究法の基本的なガイドラインに関する論文も書かれている（Schifferdecker & Reed, 2009）。ワークショップは，ある意味，いかにして混合型研究は実施されているのか，もしくは実施するべきかを提示するものである。その例として，2012 年の NIH による「健康介入の普及と推進のための混合研究法の利用」に関するワークショップが挙げられる。

つまり，混合研究法の一連のガイドラインが出現し，混合研究法に関して執筆する人々は自身の声をこの流れに加えることとなった。ガイドラインに対し求められるであろうものと一致した様々な期待のリストを混合研究法の執筆者たちは発展させてきた。

表 9.1 に，先行研究から得た 3 つの規準を提示する。これら 3 つのガイドラインに目を通すと，先述した *JMMR* の評価規準とそれほど違いがないことがわかる。クレスウェルら（Creswell & Plano Clark, 2011）の規準は当学術雑誌の混合研究法の定義を実際に反映しているように見える。オキャセイン，マーフィー，そしてニコール（O'Cathain, Murphy, & Nicholl, 2008b）の評価規準はより一般的で，どのような研究においても期待されるであろうことに近い。スキファーデッカーとリード（Schifferdecker & Reed, 2009）の提案はおそらくこの 2 つの間に当てはまるであろう。スキファーデッカーとリードは，混合研

表 9.1　混合型研究を評価する異なる規準の比較

評価規準	Creswell & Plano Clark (2011)	O'Cathain, Murphy, & Nicholl (2008b)	Schifferdecker & Reed (2009)
混合研究法デザイン	混合研究法デザインを使用すること	デザインを，研究目的，質的・量的研究の優先度や順序に基づいて記述すること	研究デザインを特定すること
方法	厳密な量的・質的研究法を使用すること	サンプリング，データ収集，データ分析の観点から方法を記述すること	それぞれのデータタイプ，分析およびその結果の顕著な部分を記述すること
データ収集と分析	量的・質的データの両方を収集し分析すること		サンプリング戦略を練り，いつ，どのようにデータを収集，分析，統合するかを決めること
データの統合	データベースを合体，埋め込み，連結すること	どこで統合が起きるかを記述すること	
その他	一貫性のある混合研究法の用語を使用すること	・混合研究法を用いる理由を明記すること ・限界を明らかにした上で，研究から導き出された洞察を示すこと	・現実的な所用時間を設定すること ・ソフトウェアを利用すること ・混合研究法の文献を検討することでアイデアを生み出すこと

究法と，その特定の側面（研究デザインやサンプリングなど）について議論しているが，従うべき詳細な手続きは示していない。表9.1についてさらに興味深いのは，混合研究法を用いる理由を明示することや，研究に現実的な目標を設定すること，分析にソフトウェアを使用すること，そして限界を明らかにした上で，研究から導き出された洞察を示すことといったアドバイスが含まれていることである。

❖ NIHによる「ベストプラクティス」のためのアドバイス

これら3つの文献に見られる一連のアドバイスは第6章で紹介した「健康科学における混合研究法のベストプラクティス」で挙げられた最近のアドバイスである。

これらのアドバイスは，NIHの代表，プログラムの責任者，そして社会，行動，健康科学における混合研究法の専門家を含む，行動・社会科学研究室ワーキンググループの18名のメンバーから提出されたものである。このワーキンググループは，筆者（Creswell, J.），ドレクセル大学のアン・クラッセン（Klassen, A.），シンシナティ大学のヴィッキー・プラノ・クラーク（Plano Clark, V.），そしてジョンズ・ホプキンス大学のケイト・スミス（Smith, K.）が座長を務めた。これらのアドバイスをまとめる初期段階において，「実践」こそが混合型研究の基本的な特性を方向付け，NIHの様々な研究助成（Rグラント，Kグラント，センターグラントなど[2]）に応募する際の混合型研究の計画書の書き方にアドバイスを提示し，そして，混合型研究の研究助成申請書類を検討する際に評価者が使用する規準を定めるものであるという雰囲気が感じられた。また，討議の初期段階において，NIHの行動・社会科学研究室から2001年に発行された報告書である「ヘルスリサーチにおける質的研究法―応募と評価における機会と留意事項」（ここには混合型研究に関する短いセクションが含まれている）は，混合研究法の最新状況を十分に反映していないという認識がなされた。

最終報告書は，健康科学において混合研究法を用いた調査を実施する上でのアドバイスを提示している。報告書の中でこのトピックは，混合研究法を用いた調査の特質を読者に説明し，研究助成金申請書類の書き方についてアドバイスを与え，評価者が利用できるチェックリストを提示している。本報告書の目次を見て，ここで公表されている情報を検討することは有益である。

健康科学における混合研究法のベストプラクティス[3]
https://obssr.od.nih.gov/training/mixed-methods-research/

目次
- 謝辞
- 導入と背景
- ベストプラクティスの必要性
- 混合研究法の特徴とデザイン
- 混合研究法のためのチームワーク，基盤，リソース，そしてトレーニング
- 混合研究法を採り入れたRシリーズ計画の策定
- Rシリーズを超えて—成功するフェローシップ，キャリア，トレーニング，センター助成申請書類に含まれる，質の高い混合研究法のアクティビティ
- 混合研究法を用いた調査申請書類の評価
- 総合的アドバイス
- 付録A　NIH「健康科学における混合研究法を用いた調査のベストプラクティス」策定ワーキンググループ

　ここでは，「混合研究法を用いた調査申請書類の評価」のセクションに記載されたチェックリストを紹介する。このチェックリストはNIHの申請書査読委員によって評価される主要な構成要素に関するチェックリストであり，研究の意義，調査者，革新性，研究アプローチ，そして環境の項目を含む。加えて，チェックリストの項目は，混合研究法に関する最新の考え方に適合するように改良されている。例えば，「研究の意義」については，1つの規準として「研究課題は混合研究法の複数の観点から研究することが最善か」といったものがある。さらに「研究アプローチ」の規準では，「研究方法の統合は，タイミング，方法，責任の所在を含めて明確に記述されているか」がある。このチェックリストのアイデアは査読者にガイドライン（いうなれば規準）を提供し，異なる機関やセンターを横断してNIH研究助成への申請書類の質を評価することを支援している。

　2　NIHのグラントの1タイプ。Kシリーズがトレーニング中の若手研究者を対象とした研究助成であるのに対し，Rシリーズは一般研究者向けの研究助成枠といえる。詳細については，NIHのホームページ（https://www.nidcd.nih.gov/funding/types）を参照されたい。
　3　原著Creswell（2015）に記載されたリンクは既になく，現在はここに記載されたリンクからアクセスができる。

❖ 本章のまとめ

　本章では，混合研究法において用いられる評価規準が，学術雑誌，書籍，教授陣，研究助成機関によって使用されていることを確認した。疑う余地もなく，これらの規準の使用には一長一短があり，研究者は混合型研究を評価する際にはこれらの要因について熟考する必要がある。学術雑誌には最も明確な規準があると思われるが，筆者自身はこれらが *Journal of Mixed Methods Research* において用いられることを推奨している。もちろん，これらは混合研究法の唯一の規準ではない。その他の規準も，ウェブサイト，分野別出版物，連邦研究助成機関および私的財団や，専門分野のワークショップなどを通して広まっている。さらに，様々な混合研究法の専門家が自身の規準を提示してきており，それらはより一般的なガイドラインから具体的なものまである。つい最近は，NIH によって行動・社会科学研究室を通して，健康科学で用いる混合研究法のガイドラインである「ベストプラクティス」を策定するワーキンググループが招集された。ここで挙げられた提案の一般形式は，まず混合型研究の特質を提示し，その上で研究者が NIH の研究助成申請書類を準備するために，そして NIH によって招集された審査委員がこれらの申請書類を評価するために役に立つアドバイスを提案している。特筆すべきは，審査委員が申請書を評価する上で使用するチェックリストである。このチェックリストとそれ以上の長い報告書が，NIH 行動・社会科学研究室のウェブサイトから一般公開されている。

❖ さらに詳しく学びたい人のために

Creswell, J. W, Klassen, A. C., Piano Clark, V. L., & Smith, K. C., for the Office of Behavioral and Social Sciences Research. (2011, August). *Best practices for mixed methods research in the health sciences*. Washington, DC: National Institutes of Health. Retrieved from https://obssr.od.nih.gov/training/mixed-methods-research/

Johnson, R. B., Onwuegbuzie, A. J., & Turner, L. A. (2007). Toward a definition of mixed methods research. *Journal of Mixed Methods Research, 1*, 112-133. doi: 10.1177/1558689806298224

O'Cathain, A., Murphy, E., & Nicholl, J. (2008). The quality of mixed methods studies in health services research. *Journal of Health Services Research and Policy, 13* (2), 92-98. doi: 10.1258/jhsrp.2007.007074

第10章
混合研究法の発展と進化

本章で取り上げるトピック ❖

・本書の主要テーマの総括としての混合研究法の科学的発展
・デジタル時代の混合研究法の発展

科学的発展 ❖

　今日混合研究法を学ぶ上で日常の学習の一部であるべきこととして，この分野における科学的発展がある。もちろん，今では*Journal of Mixed Methods Research*や*International Journal of Multiple Research Approaches*のような混合研究法専門の学術雑誌がある。1つの分野として，混合研究法は，様々な分野や優れた学術雑誌における方法論的著作を通してこれまで大きく拡張してきた。今では健康科学において大変よく知られるようになり，社会科学全般を通しても存在感を増しつつある。国際的にも，アフリカ（例えば南アフリカ）や東南アジア（例えばタイ）といった世界の多くの地域で関心が高まりつつある。混合研究法は，英米にルーツがあると見られている。これは特に，国際混合研究法学術集会（the Mixed Methods International Conference）の起源が英国にあることや，ヨーロッパやアメリカで書かれた混合研究法の分野に関する多くの書籍が現在出版されているからである。

　今日の混合研究法が，例えば5年前のそれと大きく異なるのは，現在は混合研究法を用いた多くの経験的研究が学術雑誌に出版されている点である。混合研究法がどのように機能するかを学ぶことができる研究事例が，今や数多

く存在する。これを支えているのが，(ワークショップを実施する) 私立財団や，(「ベストプラクティス」のウェブサイトを通じて厳密な混合型研究の実施方法を提示する) 米国連邦政府が寄せる混合研究法への関心である。これに加え，米国および英国にある多くの大規模で著名な大学が開講している混合研究法に関する新たなクラスが挙げられるだろう。2014年の春には，ハーバード大学医学部がグローバルヘルス・社会医学 (Global Health and Social Medicine) 学科において，混合研究法のクラスを開講している。

それでは，混合研究法の信頼性を高め，その利用を後押しすることとなった科学的発展にはどのようなものがあるだろうか。

主要特性

ここまでで，混合研究法の主要特性とはどのようなものであるかについて十分に理解できたであろう。この分野を，より哲学的または理論的な視点からとらえる著者もいるが，私のアプローチは，常に，「方法」(method) という視点から働きかけるものである。したがって，このスタンスにおいて，混合研究法とは，第1章で議論したように，(a) 開放型と閉鎖型の研究設問または仮説に回答するために，量的データと質的データを収集・分析すること，(b) 量的・質的研究手続きの厳密な方法を使用すること，(c) 混合研究法デザインの特定の類型を用いて2つのデータベースを統合し，その結果を解釈すること，そして (d)（場合によっては,）様々な理論的観点を組み込み，研究の哲学的基盤を明示すること，を含んだものということになる。裏を返せば，何が混合研究法ではないかについても私たちは既に認識している。そして，今日最も顕著な問題は，研究者が量的・質的データの両方を収集するものの，それらのデータベースを統合せずに混合研究法と呼んでいることである。実際混合研究法は，2つのデータベースの統合を不可欠なものとしており，これが混合型研究を実施する上での重要な要素となる。

専門用語

　混合研究法の分野におけるもう1つの科学的発展は，特定の専門用語の採用である。すべての方法論において，研究者はこれまでそれぞれに独自の言語を生み出してきており，混合研究法も例外ではない。実際，混合研究法のほとんどの著作の巻末に用語集があり，これらの用語はしばしばどの本でも似通っている（本書の巻末にある「用語集」を参照）。混合研究法（mixed methods）そのものが重要なキーワードである。この手の研究にはこれまで他の呼称もあった（例えば，マルチメソッド，インテグレーテッドまたはミックスド・リサーチなど）。しかし，今日，ハンドブック（Tashakkori & Teddlie, 2010）や*Journal of Mixed Methods Research*（*JMMR*）の出版，そして国際混合研究法学会（Mixed Methods International Research Association: MMIRA）の創立によって，混合研究法（mixed methods）が標準的な呼称となったといえよう。

混合研究法の価値

　今日急速に，混合研究法の「価値」に対しより多くの注意が向けられてきている。「量的研究または質的研究のみを実施することに勝る，混合研究法の価値とは何か」を，研究者は問う。方法論的論文または経験的研究論文を執筆する際，混合研究法を用いる研究者はこの価値を常に明示しているわけではないことを認める必要がある。しかしながら，混合型研究論文を精査すると，一部の研究者は混合研究法の価値について言及していることがわかる。Farquhar, Ewing, & Booth（2011）の論文を例に挙げよう。著者らは，混合研究法が彼らの研究をどのように強化したかを具体的に示す表を含めており，介入試験の重要な要素を取り出す，量的研究の限界を超越する，そして量的研究結果と比較するための質的研究データを利用するといったことがそこには書かれている。私たちは，価値に関する質問を，量的または質的研究それぞれによって何がわかったかという問いではなく，課題に対するより深い理解への貢献のような，一般的な「価値」の観点から考える。より具体的なレベルで価値とは，質的データが量的研究結果を説明することであったり，尋ねる質問の種類を検討

する最善の方法が質的研究からプロジェクトを開始することであったり，質的研究からプロジェクトを始めることで効果の高いプログラムや一連の介入活動の形成が促されることであったり，研究を開始する前に研究者が気付きもしなかった，もしくは先行研究で明らかとされていなかった，新しい変数の誕生につながることであるといえる。第2章では混合研究法を用いる理由または根拠が，混合型研究をデザインする上で重要なステップであることを紹介した。

研究デザインの進化

混合研究法の文献において，研究デザインほど広く議論されてきたテーマはない。長年にわたって，多くのデザインの類型が紹介されてきており，それらは，異なる呼称，手続き，そして複雑さのレベルをもつ。私たちはデザインを，収斂，説明的順次，そして探索的順次の3つの基本的なデザインとして考えている。収斂デザインでは2つのデータセットを合体させ，説明的順次デザインでは量的研究の結果を質的データでより詳細に説明し，そして探索的順次デザインでは質的研究から開始し，量的測定尺度のデザインのような量的段階に進める。応用型デザインは，これらの基本型デザインにさらに何かを加えたものである。加えられるものには，例えば，実験介入の枠組みや，アドボカシーもしくは社会的公正の視点，またはプログラム評価の側面があろう。また，今日，デザインに関して興味深いことは，研究者が研究発表や論文の中で利用可能な手続きに関するわかりやすいダイアグラム（略図）が存在するということである。そして，これらのデザインで研究を行うための手続きが現在開発されており（すなわち，必要なステップが図で表現されるようになってきている），デザインを用いる上で妥当性への脅威となりうるものが特定されるようになってきている。第4章では，これらのデザインと，それぞれの定義，手続きの説明，そしてダイアグラムについて紹介した。

混合型研究を実施する上で求められるスキル

混合研究法が時間と労力を要することは周知のことである。これは，複数の

形式のデータが収集され，複数のデータ分析の手続きが取られるからである。したがって，このタイプの調査を実施することには多くの課題がある。スキル不足や調査者間にある哲学的姿勢の違いも，今日別の課題として認識されている。量的研究に長けた個人（例えば疫学者や生物統計学者）には，質的研究の基礎的なスキルを教える必要がある。質的研究者は，統計学に対する抵抗をなくし，トレンドを解読したり，変数を関連付けたり，グループを比較する上で数字を使用することの価値に慣れる必要がある。第3章では，混合研究法を用いた研究を実施する上で必要となるスキルについて概説した。

哲学や理論の使用

　哲学的視座の価値，使用，タイプと，理論の使用について，混合研究法コミュニティ内でこれまで多くの議論がなされてきた。

　多数の哲学的視座が，混合研究法の核となる基盤を提供するものとして提案されてきた。一部の著者たちは，1つの哲学を擁することを主張し，他の著者たちは複数の哲学の存在を議論している。新しい哲学がひっきりなしに誕生する中，混合研究法を用いる研究者にとっての重要な問いは，彼らの研究において哲学的前提を明示するべきか否かということである。このアプローチについては，もちろん，分野によって異なる。理論に関しては，多くの社会的・行動的理論が混合研究法の枠組みとして使用されてきている。参加型アクションリサーチ（CBPR）は，コミュニティ研究で一般的であり，研究のすべての段階においてコミュニティのメンバーが参加するための枠組みを提供している。社会的・行動的理論に加え，変革またはアドボカシータイプの多数の理論があり，ここにはフェミニスト理論，障がい理論，そして人種理論などが含まれる。これらもまた，混合研究法のアプローチに枠組みを与える。近年，これらの（社会的・行動的・または変革的）枠組みをどのように混合型研究に織り込み，どのように研究報告を執筆するかについての議論がある。第2章では，世界観および（または）理論を特定するためのステップを混合研究法デザインに加えることを検討してもらった。

混合型研究の研究設問

　混合研究法のもう1つの革新的アイデアは，これまでどの研究法の書籍にも載っていない新しいタイプの研究設問，すなわち混合型研究の問いである。特定の混合研究法デザインを用いる場合，そこで立てる問いは量的でも質的でもなく，これら2つのアプローチの組み合わせとなる。混合研究法を用いた優れた調査においては，量的・質的研究のそれぞれの問いに加え，混合型研究の問いを特定し，この問いを調査の中で用いられるデザインの類型に結び付ける必要がある。第6章では，混合型研究の研究設問とこれをどのように調査で用いられる混合研究法のデザインの類型に結び付けるかを紹介した。

ジョイントディスプレイ

　今日，質的・量的データをどのように併せて分析をするのかにますます注目が集まりつつある。例えば，質的研究のテキストデータを量的データの数量的データとどのように合体または統合すればよいのだろうか。この統合のために用いるのがジョイントディスプレイである。2つの形式のデータは考察において図や表を用いて共に示される（対照比較型ジョイントディスプレイ）。私たちはジョイントディスプレイの使用に力を入れ始めている。（質的データから得た）テーマを一次元に配置し，量的データから得たカテゴリーを別の次元に配置するといったような形もその一例である。コンピュータソフトウェアがジョイントディスプレイの作成を後押しすることとなった。MAXQDA（Verbi GmbH, 2013）という質的データ解析ソフトウェアには，混合研究法のためのデータ分析メニューがあり，これらのディスプレイの作成を支援している。第7章では，これらのジョイントディスプレイとその一例を紹介し，混合研究法におけるジョイントディスプレイの重要性について述べた。

混合型研究論文の執筆と出版

　混合研究法を用いた多くの調査論文が出版されている現在，どのように混合

型研究の学術論文を執筆し、論文にはどのような要素を含めればよいかを示す優れた見本が存在する。例えば、混合研究法を用いた研究のタイトル、目的の言明、そして研究設問（量的、質的、混合型）の作成には注意を払う必要がある。さらに、混合研究法の手続きに関する詳細な議論――量的・質的データのタイプとそれらがどのように統合されるかなど――や、混合研究法関連の引用文献も含める必要がある。特に制限単語数（英語）が3,000といった短い論文募集などにおいて、混合型研究論文をどのように出版したらよいかについてのアドバイスも出てきている。また、これらの混合型研究を、量的研究論文、質的研究論文、そしてそれらの総括としての混合型研究論文といったように、異なる出版物として世に送り出す方法も私たちは身につけ始めている。これらの論文に加え、調査における研究方法のユニークな特徴を述べる方法論的論文もあるだろう。さらに、英単語3,000～6,000語程度の短い研究論文に圧縮するために、どのように混合研究法を用いた調査論文を短くまとめることができるかについても今日私たちは知識を有している。このような圧縮は社会科学系の混合研究法の専門学術雑誌などにおいては必要ない。例えば、*Journal of Mixed Methods Research* では、英単語8,000～10,000語のスペースの使用が執筆者に許されている。第8章では、混合研究法に関する論文を出版するための執筆方法について概観し、特に混合研究法の主要なデザインそれぞれを用いた研究の方法、結果、そして考察のセクションの書き方について取り上げた。

質の評価規準

　混合型研究の質を評価する規準が、ようやく現在作られつつある。これらは厳密な鋳型としてではなく、利用可能な一般的ガイドラインとしてとらえられるべきである。混合研究法の分野では、様々な著者が有益なガイドラインをこれまで作成してきたが、より最近になって、米国連邦政府が評価規準を打ち出している。国立科学財団は混合研究法のガイドラインに関する文書を発行し、NIHの行動・社会科学研究室は、ウェブサイト上に、健康科学の分野で混合研究法を用いた研究の「ベストプラクティス」に必要なアドバイスを提供している。混合研究法がいかにして機能するかをどの程度厳密に特定するべきかにつ

いてはもちろん議論の余地があるが，評価規準に関するガイドラインがあることを，修士・博士論文の研究計画書の作成，学術集会での研究発表，学術雑誌への投稿，そして私的・公的研究助成金の応募において，大学院生はしばしば高く評価している。第9章では，混合研究法プロジェクトの評価規準について議論し，質の高い研究において使用するべき混合研究法の要素について具体的なアドバイスを提示した。

❖ デジタル時代における混合研究法

今日，混合研究法に関するいかなるワークショップ，講義，または書籍も，その内容は，この十余年の間に発展した重要な科学的手続きに対応している必要がある。これらの手続きは，複数のアプローチを概説したり，異なるアプローチを比較対照したり，研究の実践事例を用いたり，そして何よりも，読者にとってわかりやすい執筆スタイルを用いたりといった，研究方法を伝授する重要な方途の上に築かれたものである。さらに，今日の研究方法は，利用可能な科学技術を十分に活かす必要がある。まさに，混合研究法は，最新の書籍，学術集会でのワークショップ，そして分野の専門家にこれまでアクセスできなかったであろう世界中の人々のために，デジタルフローチャート，コンピュータソフトウェア分析，ウェブ上のコミュニケーションといったデジタル機能を十分に活用する最初の研究方法論としてとらえることができるかもしれない。これらの技術革新は70年代，80年代，または90年代に出現した他の方法論（例えば，メタアナリシス，参加型アクションリサーチ）にはある意味なかった方法論の進歩を示すものである。これは，混合研究法ということばが分野を超えて世界中で急速に広まることを意味している。混合研究法を利用したいと考えるのであれば，優れた混合研究法プロジェクトを計画・実施するために，最新の科学的発展に遅れを取らないようにする必要がある。

❖ 本章のまとめ

ここ数年の科学技術の発展を活かした混合型研究プロジェクトを計画するこ

とは重要である。以下に，読者が自身に尋ねてみたらよい質問を挙げる。

- 研究は，混合研究法の主要特性を有しているか。
- 混合研究法の分野でしばしば使用される研究用語に精通し，それらを使用しているか。
- 混合研究法の価値について他者を納得させる議論に精通しているか。
- 混合研究法のデザインとして認識されているものを使用しているか。
- 特定のデザインを使用する上で直面する，固有の課題について理解しているか。
- 研究に哲学的視座を組み込むのか。理論を用いるのか。
- 混合研究法デザインを用いて，どのような混合型研究の研究設問に答えるのか。
- 量的・質的データの統合をどのようにディスプレイ（提示）するのか。
- 出版される混合型研究がもつ論文の構成要素に精通しているか。
- 質の高い研究か否かをどのように判断するのか。

さらに詳しく学びたい人のために ❖

混合研究法における革新的試みについては，下記を参照すること。
Creswell, J. W. (2015). Revisiting mixed methods and advancing scientific practices. In S. N. Hesse-Biber and R. B. Johnson (Eds.), *The Oxford handbook of mixed and multiple research methods*. Oxford, UK: Oxford University Press.

混合研究法の学術論文を出版するためには，下記を参考にすること。
Stange, K. C., Crabtree, B. F., & Miller, W. L. (2006). Publishing multimethod research. *Annals of Family Medicine*, *4*, 292-294.

「ベストプラクティス」のアドバイスを理解するためには，NIH の行動・社会科学研究室のウェブページを参照すること。
Creswell, J. W., Klassen, A. C., Plano Clark, V. L., & Smith, K. C., for the Office of Behavioral and Social Sciences Research. (2011, August). *Best practices for mixed methods research in the health sciences*. Washington, DC: National Institutes of Health. Retrieved from: https://obssr.od.nih.gov/training/mixed-methods-research/

混合研究法の主要なハンドブック:
Tashakkori, A., & Teddlie, C. (Eds.) (2010). *SAGE handbook of mixed methods in social and behavioral research*. (2nd ed.). Thousand Oaks, CA: Sage.

混合研究法に特化した主な学術雑誌:
Journal of Mixed Methods Research (http://mmr.sagepub.com/)
International Journal of Multiple Research Approaches (http://pubs.e-contentman agement.com/loi/mra)

ジョイントディスプレイの例については以下を参照。
Creswell, J. W., & Plano Clark, V. L. (2011). *Designing and conducting mixed methods research* (2nd ed.). Thousand Oaks, CA: Sage.
Plano Clark, V. L., Garrett, A. L., & Leslie-Pelecky, D. L. (2009). Applying three strategies for integrating quantitative and qualitative databases in a mixed methods study of a nontraditional graduate education program. *Field Methods, 22*, 154-174.

引用文献

Brannen, J., & Moss, G.（2012）. Critical issues in designing mixed methods policy research. *American Behavioral Scientist, 56*, 789-801. doi: 10.1177/0002764211433796

Brown, J., Sorrell, J. H., McClaren, J., & Creswell, J. W.（2006）. Waiting for a liver transplant. *Qualitative Health Research, 16*, 119-136. doi: 10.1177/1049732305284011

Bryman, A.（2006）. Integrating quantitative and qualitative research: How is it done? *Qualitative Research, 6*, 97-113. doi: 10.1177/1468794106058877

Creswell, J. W.（2012）. *Educational research: Planning, conducting, and evaluating quantitative and qualitative research*（4th ed.）. Boston, MA: Pearson.

Creswell, J. W.（2013）. *Qualitative inquiry and research design: Choosing among five approaches*（3rd ed.）. Thousand Oaks, CA: Sage.

Creswell, J. W.（2014）. *Research design: Qualitative, quantitative, and mixed methods approaches*（4th ed.）. Thousand Oaks, CA: Sage.

Creswell, J. W.（2015）. Revisiting mixed methods and advancing scientific practices. In S. N. Hesse-Biber & R. B. Johnson（Eds.）, *The Oxford handbook of mixed and multiple research methods*. Oxford, UK: Oxford University Press.

Creswell, J. W., Fetters, M. D., Plano Clark, V. L., & Morales, A.（2009）. Mixed methods intervention trials. In S. Andrew & E. J. Halcomb（Eds.）, *Mixed methods research for nursing and the health sciences*（pp. 161-180）. Oxford, UK: John Wiley & Sons.

Creswell, J. W., Klassen, A. C., Plano Clark, V. L., & Smith, K. C.（2011）. Best practices for mixed methods research in the health sciences. Washington, DC: National Institutes of Health. Available online: https://obssr.od.nih.gov/training/mixed-methods-research/

Creswell, J. W., & Plano Clark, V. L.（2011）. *Designing and conducting mixed methods research*（2nd ed.）. Thousand Oaks, CA: Sage.

Creswell, J. W., & Zhang, W.（2009）. The application of mixed methods designs to trauma research. *Journal of Traumatic Stress, 22*, 612-621. doi: 10.1002/jts.20479

Dahlberg, B., Wittink, M. N., & Gallo, J. J.（2010）. Funding and publishing integrated studies: Writing effective mixed methods manuscripts and grant proposals. In A. Tashakkori & C. Teddlie（Eds.）, *SAGE handbook of mixed methods in social and behavioral research*. Thousand Oaks, CA: Sage.

DeVellis, R. E（2012）. *Scale development: Theory and applications*（3rd ed.）. Thousand Oaks, CA: Sage.

Farquhar, M. C., Ewing, G., & Booth, S. (2011). Using mixed methods to develop and evaluate complex interventions in palliative care research. *Palliative Medicine, 25*, 748-757. doi: 10.1177/0269216311417919

Fetters, M. D., Curry, L. A., & Creswell, J. W. (2013). Achieving integration in mixed methods designs-Principles and practices. *Health Services Research, 48*, 2134-2156. doi: 10.1111/1475-6773.12117

Fowler, F. J., Jr. (2008). *Survey research methods* (4th ed.). Thousand Oaks, CA: Sage.

Frechtling, J. (2002). The 2002 user-friendly handbook for project evaluation. Arlington, VA: The National Science Foundation. Available online: http://www.nsf.gov/pubs/2002/nsf02057/start.htm

Guba, E. G. (1990). The alternative paradigm dialog. In E. G. Guba (Ed.), *The paradigm dialog* (pp. 17-30). Newbury Park, CA: Sage.

Guetterman, T., Creswell, J. W., & Kuckartz, U. (2015). Using visual displays in mixed methods research. In M. McCrudden, G. Schraw, & C. Buckendahl (Eds.), *Use of visual displays in research and testing: Coding, interpreting, and reporting data*. Charlotte, NC: Information Age Publishing.

Ivankova, N. V., Creswell, J. W., & Stick, S. L. (2006). Using mixed-methods sequential explanatory design: From theory to practice. *Field Methods, 18*, 3-20. doi: 10.1177/1525822X05282260

Ivankova, N. V., & Stick, S. L. (2007). Students' persistence in a distributed doctoral program in educational leadership in higher education: A mixed methods study. *Research in Higher Education, 48*, 93-135. doi: 10.1007/s11162-006-9025-4

Johnson, R. B., Onwuegbuzie, A. J., & Turner, L. A. (2007). Toward a definition of mixed methods research. *Journal of Mixed Methods Research, 1*, 112-133. doi: 10.1177/1558689806298224

Kuhn, T. S. (1962). *The structure of scientific revolutions*. Chicago, IL: University of Chicago Press.

Leech, N. L., Dellinger, A. B., Brannagan, K. B., & Tanaka, H. (2009). Evaluating mixed research studies: A mixed methods approach. *Journal of Mixed Methods Research, 4*, 17-31. doi: 10.1177/1558689809345262

Lipsey, M. W. (1990). *Design sensitivity: Statistical power for experimental research*. Newbury Park, CA: Sage.

Maxwell, J. A. (2013). *Qualitative research design: An interactive approach* (3rd ed.). Thousand Oaks, CA: Sage.

Morse, J. M. (1991). Approaches to qualitative-quantitative methodological triangulation. *Nursing Research, 40*, 120-123.

Morse, J. M. (2003). Principles of mixed methods and multimethod research design. In A. Tashakkori & C. Teddlie (Eds.), *Handbook of mixed methods in social & behavioral research* (pp. 189-208). Thousand Oaks, CA: Sage.

Morse, J. M., & Niehaus, L. (2009). *Mixed methods design: Principles and procedures*. Walnut Creek, CA: Left Coast Press.

O'Cathain, A. (2009). Reporting mixed methods projects. In S. Andrew & E. J. Halcomb (Eds.), *Mixed methods research for nursing and the health sciences* (pp. 135-158). West Sussex, UK: Blackwell.

O'Cathain, A., Murphy, E., & Nicholl, J. (2008a). Multidisciplinary, interdisciplinary, or dysfunctional? Team working in mixed-methods research. *Qualitative Health Research, 18*, 1574-1585.

O'Cathain, A., Murphy, E., & Nicholl, J. (2008b). The quality of mixed methods studies in health services research. *Journal of Health Services Research & Policy, 13*, 92-98. doi: 10.1258/jhsrp.2007.007074

Onwuegbuzie, A. J. (2012). Putting the MIXED back into quantitative and qualitative research in educational research and beyond: Moving towards the "radical middle". *International Journal of Multiple Research Approaches, 6*, 192-219.

Plano Clark, V. L., & Badiee, M. (2010). Research questions in mixed methods research. In A. Tashakkori & C. Teddlie (Eds.), *SAGE Handbook of mixed methods in social & behavioral research* (2nd ed., pp. 275-304). Thousand Oaks, CA: Sage.

Plano Clark, V. L., Garrett, A. L., & Leslie-Pelecky, D. L. (2009). Applying three strategies for integrating quantitative and qualitative databases in a mixed methods study of a nontraditional graduate education program. *Field Methods, 22*, 154-174. doi: 10.1177/1525822X09357174

Rossi, P. H., Lipsey, M. W., & Freeman, H. E. (2004). *Evaluation: A systematic approach*. Thousand Oaks, CA: Sage.

Rossman, G. B., & Wilson, B. L. (1985). Numbers and words: Combining quantitative and qualitative methods in a single large-scale evaluation study. *Evaluation Review, 9*, 627-643. doi: 10.1177/0193841X8500900505

Sandelowski, M. (2003). Tables or tableaux? The challenges of writing and reading mixed methods studies. In A. Tashakkori & C. Teddlie (Eds.), *Handbook of mixed methods in social & behavioral research* (pp. 321-350). Thousand Oaks, CA: Sage.

Schifferdecker, K. E., & Reed, V. A. (2009). Using mixed methods research in medical education: Basic guidelines for researchers. *Medical Education, 43*, 637-644. doi: 10.1111/j.1365-2923.2009.03386.x

Schulz, K. F., Altman, D. G., & Moher, D. (2010). CONSORT 2010 Statement: Updated Guidelines for Reporting Parallel Group Randomized Trials. *Annals of Internal Medicine, 152*, 726-732. doi: 10.7326/0003-4819-152-11-201006010-00232

Shadish, W. R., Cook, T. D., & Campbell, D. T. (2002). *Experimental and quasi-experimental designs for generalized causal inference*. Boston, MA: Houghton Mifflin.

Stange, K. C., Crabtree, B. F., & Miller, W. L. (2006). Publishing multimethod research. *Annals of Family Medicine, 4*, 292-294. doi: 10.1370/afm.615

Stewart, M., Makwarimba, E., Barnfather, A., Letourneau, N., & Neufeld, A. (2008). Researching reducing health disparities: Mixed-methods approaches. *Social Science & Medicine, 66*, 1406-1417. doi: 10.1016/j.socscimed.2007.11.021

Tashakkori, A., & Teddlie, C. (Eds.). (2010). *SAGE handbook of mixed methods in social & behavioral research* (2nd ed.). Thousand Oaks, CA: Sage.

Verbi GmbH. (2013). MAXQDA. Retrieved from http://www.maxqda.com/

Wittink, M. N., Barg, F. K., & Gallo, J. J. (2006). Unwritten rules of talking to doctors about depression: Integrating qualitative and quantitative methods. *Annals of Family Medicine, 4*, 302-309. doi: 10.1370/afm.558

用語集（原語アルファベット順）

応用型デザイン（Advanced designs）　これらのデザインは，混合研究法の基本型デザイン（収斂デザイン，説明的順次デザイン，または探索的順次デザイン）に，応用としての特徴を加えたものである。基本型デザインをより大きな枠組の中に組み込むもの（例えば，収斂的手続きを実験デザインに組み込んだり，または収斂的手続きをフェミニスト理論などの理論の中に加える）や，基本型デザインを長期間にわたる調査プログラム全体の構成要素とするもの（一つの縦断的研究プログラムにおいて，複数の調査研究を実施する）などがある。

基本型デザイン（Basic designs）　あらゆる混合型研究で使用されるデザインのこと。これらのデザインには，量的・質的研究を結合するための収斂デザイン，量的研究の結果を質的データによって説明するための説明的順次デザイン，そして，最初に質的研究によって探索し，次にそこから得られたテーマをより大きなサンプル数を用いて量的に検証するための探索的順次デザインがある。

収斂デザイン（Convergent design）　混合研究法の基本デザインの1つである。量的・質的データの両方が別々に収集され異なる方法で分析されるが，それぞれから得られた結果を比較する段階で結合される。通常研究者は，2つのデータベースの間に見られる離齬を説明または解消することを試みる。

データ変換（Data transformation）　混合研究法を用いる研究者が，質的データ（例えば，インタビューデータ）を収集し，次にそれを量的データ（例えば，データベースに特定のコードが出現する回数）に変換することを指す。混合研究法では，変換された質的データ（新たな量的データ）がもう1つの量的

データベースと比較されたり組み合わされたりする。

手続きダイアグラム（Diagram of procedures）　混合研究法では，調査者は，しばしば使用する混合研究法デザインのダイアグラムを描画する。これらのダイアグラムは，アクティビティの流れ，データ収集，分析，そして解釈の手続きにおける特定のステップを示すものである。混合研究法において用いられる"QUAL"（質的研究）や"QUAN"（量的研究），またはその他の表記記号が含まれることがある。

認識論（Epistemology）　この概念は，主張を支える根拠の種類に関連するもので，研究者と研究参加者の関係（例えば，中立的で距離のある関係か，協力的な関係か）を含む。

説明的順次デザイン（Explanatory sequential design）　この基本デザインは，最初に量的方法，次に質的方法を用いて，量的研究結果をより深く説明する目的をもつ。このデザインは，混合研究法において，よく用いられるわかりやすいデザインである。

探索的順次デザイン（Exploratory sequential design）　このデザインは，混合研究法の3つの基本型デザインの1つである。典型的には次の3つの段階を含む。最初の段階において，研究者は質的データ収集によって研究テーマについて探索する。収集された質的データを分析し，その結果は次の量的データ収集の手順を組み立てる上で利用される。この手続きは，量的尺度のデザイン，介入の手順，または量的変数の開発につながる。この第2段階に続き，第3段階では，開発された量的尺度，介入の手順，または変数が，量的データ収集・分析手続きにおいて利用される。

統合（Integration）　混合研究法の統合は，混合型研究において質的・量的結果をいかに1つにまとめるかを指す。どのように研究者がデータを組み合わせるかは，用いられる混合研究法のデザインの類型と関連付けられる必

要がある。統合の種類には，結合（merging），説明（explaining），積み上げ（building），埋め込み（embedding）がある。

介入デザイン（Intervention design）　この応用型デザインは，基本型デザインの1つに基づいている。このデザインの目的は，実験または介入試験において質的データを加えることで，研究課題を調査することである。研究者は，実験前，最中，または実験後に質的データを収集し，それらを実験デザインの中に埋め込むことで統合を図る。

ジョイントディスプレイ（Joint display）　これは，典型的には収斂デザインで用いられる手続きであり，量的・質的データを結合するためのものである。ジョイントディスプレイは，量的・質的データ収集の両方から得られた結果を示す表またはグラフのことである（例えば，質的データから得られたテーマを量的研究のカテゴリー変数に対比させるように配置したり，研究対象となる構成概念に関して，質的インタビューと量的質問紙調査項目の両方の結果が示されるように配置する）。

方法論（Methodology）　哲学から始まり，研究結果の解釈および公表までを含む研究プロセスのこと。

方法（Methods）　データ収集，分析，解釈を行う上での特定の手続きのこと。

混合研究法デザイン（Mixed methods design）　哲学から始まり，研究設問，データ収集，分析，そして解釈までの，混合型研究の手続きにおけるすべての側面を包含するデザインのこと。特定のデザインにおける混合研究法の方法とは，研究者がデータ収集，データ分析，データの提示（例えば，表や図），そしてデータの解釈において使用する特定の手続きということになる。

混合研究法（Mixed methods research）　社会，行動，および健康科学

における研究アプローチで,研究課題を理解するために調査者は,量的（閉鎖型）および質的（開放型）データの両方を収集し,2つを統合した上で,両方のデータセットを合わせる強みを活かした解釈を引き出す。

混合型研究の研究設問（Mixed methods research questions）　混合研究法において,混合研究法デザインによって解を得ることができる問いのことを指す。混合型研究の設問は,「2つのデータベースは収斂しているか」（収斂デザイン）,「量的研究結果は質的研究結果によってどのように説明され得るか」（説明的順次デザイン）,「どのように（小集団より得た）探索的テーマを母集団のより大きなサンプルに一般化することができるか」（探索的順次デザイン）といったものになる。

混合研究法サンプリング（Mixed methods sampling）　特定のデザインにおけるサンプリング（標本抽出）の手続きのこと。特定の基本型または応用型デザインと関連する,適切な量的サンプリング,質的サンプリング,そして混合研究法サンプリングがある。

多段階評価デザイン（Multistage evaluation design）　このデザインは,応用型デザインの1類型であり,1つまたはそれ以上の基本型デザインから構成されている。このデザインの目的は,ある状況において実施されるプログラムや活動の成功を長期間にわたって評価するための研究を実施することである。このデザインには,継続的調査の中心となる目的のもとで長期間にわたり実施される,複数の段階をもつ縦断的研究が含まれる。

存在論（Ontology）　この概念は,調査研究におけるリアリティの本質（例えば,複数または単一のリアリティ）を指す。

プラグマティズム（Pragmatism）　プラグマティズムは研究によってもたらされる結果,問題,そして現実世界の実践における実用性に焦点を当てる研究哲学である。

質的データ（Qualitative data）　質的研究において収集されるデータの形態である。しばしば「テキスト」データと呼ばれ，インタビューで収集され，書き起こされるタイプの情報などがある。また，写真やビデオなどの「イメージ」データもある。より広義には，質的データを「自由回答式」データと捉えることができ，その場合研究者は，回答カテゴリー（例えば，「大いにそう思う」から「まったくそう思わない」まで）を特定せずに研究参加者から情報を収集する。典型的な質的データの形式には，開放型のインタビューデータ，開放型の観察データ，日記，手紙，または会議の議事録といった文書資料，さらに写真，ビデオ，人工物，ウェブサイトの情報といった視聴覚資料がある。

量的データ（Quantitative data）　量的研究において収集されるデータの形態である。しばしば「数量的」データまたは「数字」と呼ばれる。より広義には，量的データを「閉鎖型」情報と捉えるべきであり，該当する回答をチェックする質問紙調査で得られる情報などがある。数量的データには，測定尺度を通じて研究参加者から報告される情報，観察チェックリストを用いて研究者が報告する情報，または報告書や文書資料から取得可能な数量的情報（例えば，国勢調査のデータ，出席データ）などがある。

無作為サンプリング法（Random sampling）　量的研究におけるサンプリングの方法で，標本が母集団の代表となるように，研究参加者が無作為に抽出される。

混合研究法を使用する根拠（Rationale for mixed methods）　混合型研究において，量的・質的データの両方を収集し，混合研究法デザインを採用する理由を明らかに示したもの。この理由付けは，デザインの類型（例：収斂デザインにおいて2つのデータベースを比較すること，説明的順次デザインによって量的研究結果を説明すること，探索的順次デザインによって量的尺度や介入または変数を生み出すこと）と直接関連していなければならない。

混合研究法におけるサンプリング（Sampling in mixed methods

research）　　この手続は，量的・質的研究の両方のストランドにおける研究参加者（そして場）の選定を導く。研究者は，それぞれの混合研究法デザインの中で，特定のサンプリング戦略を採用する。

飽和（Saturation）　　飽和とは，研究者が数名の研究参加者からデータを収集する際に，新たな研究参加者からさらなるデータを収集しても，生成中のコードやテーマには実質的に新しい情報はもたらされない，データ収集における段階を指す。

社会的公正デザイン（Social justice design）　　この応用型デザインは，基本型デザインの1つに基づくもので，社会に生きる人々の生活を改善するために，問題を社会的公正の全体的枠組み（例えば，フェミニスト理論や批判的人種理論）の中で探究することを目的とする。この枠組みは，混合型研究の様々な段階において使用されるが，調査における一貫した焦点となる。

ストランド（Strand）　　この用語は，混合研究法における質的または量的構成要素を指すものである。

索　引

あ

アドボカシー理論　20
インターナショナル・ジャーナル・オブ・ムルチプル・リサーチ・アプローチ（*International Journal of Multiple Research Approaches*）　123
NIH→米国国立衛生研究所
応用型デザイン　6-8, 22, 39, 40, 47, 52, 54, 55, 60, 64, 67-69, 83, 91
　——のサンプリング　91
　——の説明　7-8, 47
　介入デザイン→介入デザイン
　社会的公正デザイン→社会的公正デザイン
　多段階評価研究デザイン→多段階評価研究デザイン
オーディエンス　74
オキャセイン（O'Cathain, A.）　29, 119
オンウェノブージー（Onwuegbuzie, A. J.）　114

か

ガイドライン　111
介入デザイン　48-50, 54, 65, 68, 69, 74, 76, 91, 93, 94
　——経験的研究論文　107-108
　——における実験　48-50
　——の研究設問　80
　——のサンプリング　91
　——の実施手続き　49
　——の説明　7
　——のダイアグラム　50, 65, 68-69
　——の目的　48-50
科学革命の構造　18
科学的発展
　——の概要　123-124
　——の専門用語　125
　主要特性　124
確証／反証サンプリング　86
革新的試み　131
確率サンプリング　85
仮説　78-79
価値　18
基本型デザイン　6, 7, 21, 39, 40, 45-51, 54, 55, 64, 65, 68, 69, 91, 107, 108, 126
　——の説明　40-47
　収斂デザイン→収斂デザイン
　説明的順次デザイン→説明的順次デザイン
　探索的順次デザイン→探索的順次デザイン
クーン（Kuhn, T.）　18
グラウンデッド・セオリーによる研究　20
クラッセン（Klassen, A.）　120
クラブトゥリー（Crabtree, B. F.）　101
クレスウェル（Creswell, J. W.）　104, 118
経験的研究　102
経験的研究論文
　介入デザインの構造　107
　——の説明　102
　——の定義　116
　ジャーナル・オブ・ミックスド・メソッズ・リサーチ（*Journal of Mixed*

Methods Research）の規準　115
　　収斂デザインの構造　105
　　説明的順次デザインの構造　106
　　探索的順次デザインの構造　106
結果追跡型ジョイントディスプレイ
　　95
研究課題
　　——に取り組む既存の文献　73
　　——に取り組む理由　14
　　——の提示　14
　　——を特定する　13-14
　　序論における——　72
研究者に求められるスキル　27-28
研究設問（リサーチクエスチョン）
　　——の特定　13
　　——を書く上で用いられる仮説　78,
　　　79
　　混合型研究の——　23, 80-81, 129
　　質的研究の——　23, 79
　　量的研究の——　23, 78-79
研究デザイン→混合研究法デザイン
研究デザイン：質的，量的，そしてミック
　　ス法　5, 6
研究の問い→研究設問
研究目的または狙い　15, 23, 30
　　——の提示　75-77
研究論文→混合型研究論文
健康科学　113
　　——における規準　113
「健康科学における混合研究法のベストプ
　　ラクティス」　120-121
現象学的質的デザイン　34
行動・社会科学研究室（OBSSR）　118
行動的理論　127
　　——モデル　9
合目的的サンプリング　86, 91
混合型研究
　　経験的　102
　　——における厳密性　4-5, 27-28
　　——における統合→統合

　　——の計画　11
　　——のサンプリング→混合研究法にお
　　　けるサンプリング
　　——の実施に求められるスキル　27-
　　　28
　　——の執筆　130
　　——の出版　131
　　——の序論→序論
　　——の評価規準　116
　　——を用いる理由　16, 17
混合研究法
　　——における研究の問い　23, 80-81
　　——におけるサンプリング→混合研究
　　　法におけるサンプリング
　　——の価値　125, 126
　　——の出版　104
　　——の主要な特徴　3-9, 27, 124
　　——の定義　2, 20
　　——の手順　12, 23
　　——の特徴的機能　3
　　——を実施する上での要件　27-28
　　——を使用する理由づけ・根拠　16-
　　　17
　　——を理解する　1-2
　　方法としての——　2, 15-16
混合研究法チーム　28-30
　　——のリーダー　29
混合研究法デザイン
　　応用型→応用型デザイン
　　介入デザイン→介入デザイン
　　基本型　40-47
　　——の種類　6-7, 40-47
　　——の進化　126
　　——の選択　21, 30-31, 54
　　——のダイアグラム　21
　　社会的公正デザイン→社会的公正デザ
　　　イン
　　収斂デザイン→収斂デザイン
　　説明的順次デザイン→説明的順次デザ
　　　イン

多段階評価デザイン→多段階評価デザイン
探索的順次デザイン→探索的順次デザイン
混合研究法におけるサンプリング
　応用型デザイン　91-93
　介入デザイン　91
　——の説明　84
　質的研究の——　86-87
　収斂デザイン　87-88
　説明的順次デザイン　89
　探索的順次デザイン　90
　量的研究の——　85
混合研究法の欠落　74
混合研究法のデザインと実施　21
混合研究法論文
　経験的→経験的研究論文
　——の圧縮　129
　——の出版
　　——に加えるべき項目のチェックリスト　108
　　——用のジャーナル　99-100
　論文→混合研究法論文
　——の種類　101-104
　——の長さ　102
　——の評価規準　100-101
　方法論的——　101-102
CONSORT ガイドライン　5, 32

さ

作業仮説　13
参加型アクションリサーチ　108, 129
参加型理論　20
サンプルサイズ
　——のための検討事項　84
　質的研究における——　86
施設内倫理委員会（IRB）　85
質
　——の規準→質の規準
　——の説明　111

実験　21, 48
質的研究
　現象学的デザイン　34
　サンプルサイズ　86
　——において使用されるデザイン　34
　——において使用される問い　23, 79
　——において求められるスキル　28, 33-37, 126, 127
　——におけるサンプリング　86
　——における理論　18
　——のための厳密な要素　4-5
　——のチェックリスト　36
　——の長所と短所　5
　事例研究　34
　テキスト情報　34
　ナラティブデザイン　34
質的データ
　介入デザインにおける——　48
　——の収集　4, 36, 49, 67
　——の統合　93
質の規準
　健康科学における——　113
　社会科学における——　113
　——に対する筆者の見解　114
　——の概要　111-112
　——の種類　116
　——の説明　129-130
　——の短所　113
　——の必要性　112-115
　——のまとめ　122
質問紙調査　34, 85
ジャーナル
　混合研究法の出版用——　99-100
　——の種類　100
　——の論文投稿規定　111
ジャーナル・オブ・ミックスド・メソッズ・リサーチ（*Journal of Mixed Methods Research*）
　経験的研究の規準　116

──の説明　115, 124
　　　──で用いられる出版の規準　100-101, 131
　　方法論的論文の規準　117
　社会科学における規準　112, 113
　社会的公正デザイン
　　　──の研究設問　80
　　　──の実施手続き　51
　　　──の説明　7
　　　──のダイアグラム　51, 65
　　　──の長所　51-52
　　　──の目的　50-52
社会的理論　127
収斂デザイン　6, 7, 22, 40-42, 48, 54-56, 62, 64-67, 74, 77, 87, 105, 106
　　　──との統合　94
　　　──における妥当性への脅威　22
　　　──の経験的論文　105
　　　──の研究設問　80
　　　──のサンプリング　87
　　　──の実施手続き　40-42
　　　──の説明　126
　　　──のダイアグラム　42
　　　──の定義　41
　　　──の特徴　6
　　　──の目的　40
　　　──を用いた介入デザインの例　65
出版　104, 128, 129
主要特性　25, 124
順次デザイン→説明的順次デザイン, 探索的順次デザイン
ジョイントディスプレイ　83, 95-97, 101, 106, 128, 132
承認　86
序論
　　　──におけるトピック　72
　　　──に含まれるオーディエンス　74
　　　──に含まれる既存の文献　73
　　　──に含まれるトピック　72
　　　──に含まれる問題　73

　　　──の書き方　72-74
　　　──の重要性　71
ジョンソン（Johnson, R. B.）　114
事例研究型質的研究　36
信念　18-19
スキファーデッカー（Schifferdecker, K. E.）　118
スキル
　　質的研究における──　27, 33-37, 126, 127
　　　──のタイプ　30-31
　　量的研究における──　28, 31-33, 126, 127
スクリプト（書き方）
　　研究目的を提示するための──　75-77
　　序論を執筆するための──　72-74
スタンジ（Stange, K. C.）　102
スミス（Smith, K.）　120
世界観　18-20
説明的順次デザイン　21, 22, 40, 47, 54, 55, 69, 77, 93, 94
　　　──における質的ストランド　43
　　　──における妥当性の脅威　22
　　　──の書き方　77
　　　──の経験的研究論文　106
　　　──の研究設問　80
　　　──のサンプリング　89
　　　──の実施手続き　43-44
　　　──のジョイントディスプレイ　95
　　　　　──による統合　96
　　　──の説明　126
　　　──のダイアグラム　44, 65-66, 89
　　　──の特徴　7
　　　──の目的　43
　　　──を使用した社会的公正デザインの例　65
先行研究
　　既存の──，課題　73
　　　──における混合型研究の欠落　74

――のレビュー 30, 73
専門用語 125
存在論 18

た

ターナー（Turner, L. A.） 114
ダイアグラム
　1ページに収める―― 63
　介入デザインの―― 49, 65, 68
　収斂デザインの―― 42, 65-66, 89
　垂直方向の―― 62
　水平方向の―― 62
　説明的順次デザインの―― 44, 65-66, 89
　――に成果物を加える 67
　――に手続きを加える 67
　――の簡潔性 63
　――の視覚モデル 64
　――の使用 59
　――の説明 21
　――のタイトル 62
　――のタイムライン 64
　――の定義 59
　――の描画 59
　――の表記法 61
　――の要素 60
　――を描くためのツール 60
　探索的順次デザインの―― 47, 65-66, 90
　手続きと成果を――に加える 67
対照比較型ジョイントディスプレイ 95, 128
多段階評価デザイン
　――の課題 53
　――の研究設問 80
　――の実施手続き 52-53
　――の説明 8
　――のダイアグラム 53, 65
　――の長所 53
　――の目的 52-53

妥当性への脅威 22
多様性最大化サンプリング（maximal variation sampling） 86
探索的順次デザイン 40, 52, 54, 55, 74, 77, 82, 89, 93, 96
　――における妥当性の脅威 22
　――による尺度の開発 46
　――の経験的研究論文 106
　――の研究設問 80
　――の厳密性 46
　――のサンプリング 90
　――の実施手続き 44-47
　――の説明 126
　――のダイアグラム 47, 65-66, 90
　――の段階 46
　――の特徴 7
　――の目的 43
　――を使用した多段階評価デザインの例 65
チーム 28-30
チャン（Zhang, W.） 104
中心的現象 35
ディスプレイ 128
データ
　――の埋込み 93
　――の合体 93
　――の積み上げ 93-94
　――の統合→統合
　非顕現的―― 49
データ収集
　質的 4, 36, 49, 68
　――のタイプ 15
　量的 4, 30, 68
データ分析
　質的 68, 130
　――のタイプ 15
　量的 32, 68
テーマ別統計量型ジョイントディスプレイ 95
デザイン→混合研究法デザイン

デザイン・センシティビティ　85
デジタル時代　34, 123, 130
哲学　127
　——的枠組み　9
統合　xi, xii, 2, 3, 13, 22, 28, 62, 74, 76, 80, 83, 87, 101, 102, 104, 105, 107, 109, 116, 119, 121, 124, 128, 129, 131
　混合型研究における——　94-97
　ジョイントディスプレイにおける——　95
　——がなされる場所　93
　——の説明　6-8
　——の定義　84, 92
　——の表現　94-97
　——の類型　92-94

な
ニーハス（Niehaus, L.）　92
ニコール（Nicholl, J.）　29, 118, 119
2002年版使いやすいプロジェクト評価のハンドブック　118
認識論　1, 18

は
ハイブリッドな混合型研究設問　81
非確率サンプリング　85
非顕現的データ　49
評価規準→質の規準
ファークハー（Farquhar, M. C.）　125
ブース（Booth, S.）　125
ブライマン（Bryman, A.）　84
プラグマティズム　18
プラノ・クラーク（Plano Clark, V.）　118, 120
プロジェクトの作業仮題　13
プロトコール（実施計画書）　113
文化変容のエスノグラフィ的理論　19
文化変容理論　19
米国国立衛生研究所（NIH）「健康科学における混合研究法のためのベストプラクティス」　120
　——の説明　75
米国国立科学財団（NSF）　118
閉鎖型の測定基準　31
ベストプラクティス　75, 131
ヘルスリサーチにおける質的研究法−応募と評価における機会と留意事項　120
変革デザイン　7
変革の理論的モデル　7
変革理論　20
方法としての混合研究法　2, 15-16
方法論　x, xii, 1, 2, 11-13, 16, 18, 20, 27, 29, 30, 37, 83, 99, 101, 102, 104, 112, 114, 115, 117, 123, 125, 129
　——的問題　83
　——的論文　115, 117, 125, 129
　ジャーナル・オブ・ミックスト・メソッズ・リサーチの評価規準　117
　——の説明　101-102
飽和　86
ポスト実証主義　18

ま
マーフィー（Murphy, E.）　29, 118, 119
マックス・キューディーエー（MAXQDA）　16, 128
ミラー（Miller, W. L.）　101
無作為サンプリング　85
モース（Morse, J. M.）　92

や
ユーイング（Ewing, G.）　102, 125
雪だるま式サンプリング　85

ら
リード（Reed, V. A.）　118
量的研究
　厳密性　5, 32

データ分析　33, 66
　——において使用される問い　23, 78-79
　——において求められるスキル　27, 31-32
　——におけるサンプリング　85
　——のステップ　31
　——のストランド　43
　——の長所と短所　5
　——の理論　18
量的測定尺度または測定指標開発型ジョイントディスプレイ　95

量的データ
　——の収集　4, 30, 67
　——の統合　93
理論
　行動的　127
　質的研究における——　19
　社会的——　129
　量的研究における——　19
　——的枠組み　8-9, 21
　——に基づく研究設問　78
　——の特定　17-19

【訳者紹介】

抱井尚子（かかい・ひさこ）

米国ハワイ大学大学院教育心理学研究科博士課程修了（2001）Ph.D. 現在，青山学院大学国際政治経済学部国際コミュニケーション学科教授，*Journal of Mixed Methods Research* 編集委員。日本混合研究法学会初代理事長。ハワイ大学附属がん研究センターの研究員として，質的，量的，および混合型研究アプローチを用いた大規模調査の経験を得る。

主著に，『混合研究法の手引き―トレジャーハントで学ぶ研究デザインから論文の書き方まで』（共編著，遠見書房，2021），『混合研究法への誘い―質的・量的研究を統合する新しい実践研究アプローチ』（共編著，遠見書房，2016），『混合研究法入門―質と量による統合のアート』（単著，医学書院，2015），『コミュニケーション研究法』（共編著，ナカニシヤ出版，2011）などがある。

早わかり混合研究法

2017 年 9 月 1 日　初版第 1 刷発行
2023 年 6 月 15 日　初版第 3 刷発行

（定価はカヴァーに表示してあります）

原著者　J. W. クレスウェル
訳　者　抱井尚子
発行者　中西　良
発行所　株式会社ナカニシヤ出版
〒606-8161　京都市左京区一乗寺木ノ本町 15 番地
Telephone　075-723-0111
Facsimile　075-723-0095
Website　http://www.nakanishiya.co.jp/
E-mail　iihon-ippai@nakanishiya.co.jp
郵便振替　01030-0-13128

印刷・製本＝創栄図書印刷／装画＝洪上婷
Printed in Japan.
ISBN978-4-7795-1192-9

◎本書のコピー，スキャン，デジタル化等の無断複製は著作権法上での例外を除き禁じられています。本書を代行業者等の第三者に依頼してスキャンやデジタル化することはたとえ個人や家庭内の利用であっても著作権法上認められておりません。